职业经理人常犯的11种错误

华人管理大师
余世维　主讲

北京联合出版公司
Beijing United Publishing Co.,Ltd.

图书在版编目（CIP）数据

职业经理人常犯的 11 种错误 / 余世维主讲 . — 北京 : 北京联合出版公司，2019.10（2023.9重印）
ISBN 978-7-5596-3331-6

Ⅰ . ①职… Ⅱ . ①余… Ⅲ . ①企业领导学 Ⅳ . ① F272.91

中国版本图书馆 CIP 数据核字（2019）第 115836 号

职业经理人常犯的 11 种错误
作　　者：余世维
出 品 人：赵红仕
选题策划：北京时代光华图书有限公司
责任编辑：龚　将　夏应鹏
特约编辑：任红波　翟倩倩
封面设计：新艺书文化
版式设计：程海林

北京联合出版公司出版
（北京市西城区德外大街 83 号楼 9 层　100088）
文畅阁印刷有限公司印刷　　新华书店经销
字数 190 千字　787 毫米 ×1092 毫米　1/16　15.5 印张
2019 年 10 月第 1 版　2023年 9月第 2 次印刷
ISBN　978-7-5596-3331-6
定价：58.00 元

目录

第一章　拒绝承担个人责任 /001

合格的管理者，为事情结果负责 /004

“努力地表现”与“不停地辩解”/013

观察你自己 /016

第二章　未能启发和引导员工 /025

离开办公室一天，不会引发混乱 /028

管理者应避免“少不了他们”的感觉 /033

未能训练员工提升其绩效 /036

管理者调职、退休、死亡也不应使公司瘫痪 /046

第三章　注重结果，忽视思想 /049

两则寓言：商业浪漫主义 /052

成功者与不成功者之间的差别 /055

思想在启发，不在教条 /058

想法→再结冻（触动→行为→习惯）/060

重视思想：不是把工作做对，而是找对的工作来做 /064

第四章　在公司的内部形成对立 /067
谈到自己公司时，只有一个代名词 /069
要解决问题的人＝接电话或被询问的人 /074
公司的团队战略 /079
激活团队的情绪和气氛 /084

第五章　一视同仁的管理方式 /091
一把钥匙开一把锁 /093
X—Y—Z 理论与 F.E.费德勒的权变观点 /096

第六章　忘了企业的命脉——利润 /117
利润是企业的命脉 /119
管理的主要目的 /124
世界 500 强的名单每年都不同 /127
人性化管理 /130

第七章　只见问题，不看目标 /133
只注意小处或问题，会丧失创造力 /136
成熟的陷阱 /138
二八定律 /140
有效的管理者 /142
勿忘短、中、长期目标 /151
目标创新改变企业竞争模式 /154

第八章 不当老板只做哥们儿 /159
好兄弟与经理人的成功混合体并不存在 /161
别在员工面前作践自己 /163
和下属在一起要保持管理者的威严和风范 /165
在老板面前代表下属，在同僚面前代表部门 /174

第九章 未能设定标准 /177
完善的公司一定会有具体的政策 /179
何谓“标准” /182
使追求标准成为企业发展的原动力 /192
进行企业再造 /195

第十章 纵容能力不足的人 /201
留下拒绝学习的人对团队有失公平 /203
重视提高员工的满意度 /205
别在办公室里当老好人 /210
妥善处理员工问题 /214

第十一章 眼中只有超级明星 /219
中等资质的人加少数超级明星 /222
顶尖高手的弊端 /226
每个人都是重要的 /229
管理从尊重人开始 /232

第一章

拒绝承担个人责任

合格的管理者，为事情结果负责

“努力地表现”与“不停地辩解”

观察你自己

管理学科把管理作为一门真正的综合艺术。“现代管理之父”彼得·德鲁克围绕管理人员的“责任”、员工的“责任”，以及企业的“责任”发表了很多见解。他在《我认为我最重要的贡献是什么？》一文中，认为自己最重要的贡献之一在于创建了管理这门学科，并围绕着人与权力、价值观、结构和方式来研究这一学科，尤其是围绕着责任。

1973年，彼得·德鲁克将自己几十年的知识经验与思考浓缩到一本书中，这本高达839页的巨著以其简洁的书名道出了管理学的真谛——《管理：使命、责任、实务》。该书索引中有多达36处谈到“责任”，据此可知，承担责任是管理的重要诠释之一。

彼得·德鲁克反复强调，认真负责的员工确实会对经理人提出很高的要求，要求他们能真正胜任工作，认真地对待自己的工作，并对自己的任务和成绩负责任。

敢于承担责任，关键时刻有担当，是优秀的管理者在管理中的作用体现。

当自己分管的部门出现问题时，管理者不应推诿、指责和埋怨，而应主动承担责任，从自身的管理中寻找原因，这自然会给员工一种积极的力量。关键时刻有担当，是指在工作需要的时候，管理者能走在员工的前边，有主见，能妥善地解决问题。

如果你想获得更大的成功，请从现在开始，百分之百地对自己负责。

合格的管理者，为事情结果负责

拒绝承担个人责任是一个易犯的错误

如果一个管理者只对别人提出要求却不对自己提出要求，那么这些要求是不会产生作用的，而且也是不负责任的。如果员工不能肯定自己的公司是认真的、负责的、有能力的，他们就不会为自己的工作、团队和所在单位的事务承担起责任来。

要使员工承担责任和有所成就，必须由实现工作目标的人员同其上级一起为每一项工作制定目标。此外，确保自己的目标与整个团队的目标一致，也是所有成员的责任。管理者必须使员工富有活力，以便员工能在工作中有所成就。同时，管理者还应通过各项要求、纪律和手段承担责任。

一般人失败的原因往往是不愿意对自己负责，总是从其他人身上找自己失败的借口。如果仔细观察，你会发现，这些失败者天天都在抱怨。例如，一个业绩不佳的汽车销售人员，总是抱怨公司培训得不够多、广告打得不够大、车子的种类不够多样、车子的颜色不够丰富。但事实上，这对他并没有任何好处。

管理者担任管理职务日久容易养成官僚作风，遇事变得谨小慎微，把困难推给他人。这样下去，管理者的管理职能必然名存实亡，同时也必将失去下属的尊敬。因此，管理者必须牢记：勇于承担责任是巩固地位的最好办法。

美国企业管理协会分析了 1812 名成功的企业家，将他们的基本素质归纳为以身作则、能听取各种意见、能进行正确的自我批评等 19 个方面。工作中出了差错，不论是管理者自己直接造成的，还是下属造成的，管理者都应该勇于承担责任，这是取得信任和尊敬的唯一办法。敢于承担责任，是优秀经理人的重要特点。

斯蒂芬·布朗认为："管理者如果想发挥管理效能，就得勇于承担责任。"哈里·S. 杜鲁门任美国总统后，在自己的办公室挂了一条醒目的条幅："扯皮到此为止。"每一位经理都应该效法杜鲁门总统的格言。假若你对所在单位的工作成绩和效益不满意，请不要怪罪通货膨胀或其他外界因素，而应严格谨慎地检讨你采用的管理方式。

拒绝承担个人责任的表现

许多经理染上埋怨自己下属的毛病，遇事不反省，只怪罪下属，具体表现为：

◆ 让下属难堪

当你已经连续三次让下属难堪而你为此产生快感时，就要注意反省了：这很可能是你内心不安定的表现，就像孩子为引起全家的注意而故意淘气一样。

◆ 抱怨下属

管理者公开地把自己与下属相比，进而指责下属能力太差是不明智的。管理者比下属的能力强是不需要说明和论证的，一个很浅显的道理就是：他要是比你强，早就坐在你的位置上了。

◆ 事业无进展

事业无进展的责任肯定大多不在下属，这是管理者要树立的观念。管理者为此指责下属会打击他们的积极性。

◆ 抱怨自己的忙碌

如果一个管理者经常向下属抱怨自己有多忙，那就错了。下属会认为一个真正忙碌的管理者对下属抱怨的时间都是不该有的。下属的想法是：管理者的工作都应该是他的精力所能承担得了的。

对于管理者的这种抱怨，下属最典型的说法是：我们也很忙，我们都没有时间对你说。

管理者正确的做法是：把工作合理地分配出去。

◆ 对下属提出问题不予鼓励

抱怨下属只提出问题却不想解决办法是不正确的。下属能提出问题就证明他在思考，管理者应该鼓励而不是指责。

◆ 不信任下属

如果一个管理者经常怀疑某个下属的能力，那就应该想办法换掉他。如果管理者事事参与、过问，甚至监督下属工作，下属就会因此放弃自己的创造性，完全按照管理者的“正确指示”去工作，而保留自己的知识、经验甚至灵感，工作时放不开手脚，还要一边猜测领导的意图一边工作。

一个管理者如果用挑剔的眼光去观察，那么下属的缺点是很容易暴露出来的，这样会加重管理者对下属的不信任，从而加强监督。下属需要在摸索中成长，只要他还没有放弃，管理者就该为他提供一个宽松的环境。

◆ 不能从容面对失败

每个人都有失败的经历。遭遇失败时，管理者要第一个从阴影中摆脱出来。如果管理者迟迟不能自拔，并因此向下属发泄，那就会完全失去下属的向心力。

◆ 在其他人面前批评下属

在一个下属的面前批评另一个下属是管理者最严重的失误。拿两个下属进行比较的结果往往是：评价差的人会因此失去自信心，甚至对以后做不好工作也没有负罪感，因为管理者已经无数次确认了他的无能。

评价好的下属也会因用同事的牺牲换取了自己的好评而内心不安，甚至会招致同事的集体排斥。因此，他会有意无意地放松自己，以争取与同事重新站到一起。

◆ 不善于听取下属的建议

对任何下属的建议，管理者都应该认真倾听。在通常情况下，下属都是经过深思熟虑才提出建议的，如果管理者用一个简单的“不”

字就把他彻底否定了，他会从此失去创造的信心。而管理者的倾听和讨论则会使下属认清自己的不足，并有机会得到充实和提高。

◆ 面对失败一味辩解

对于工作的失误，管理者应先问问自己：我听取下属的建议了吗？我了解全部情况吗？我事先提出防范措施了吗？遇到问题，管理者应先责己，后责人，养成这个习惯之后，就会发现下属并不像自己原先想象的那么无能。

认错有助于解决问题

具有责任感是对管理者最基本的要求，它可以消除扯皮、推诿现象，提高团队效率。在现在的企业组织里，认错往往就代表着牺牲。但要成为一名优秀的领导者，就应该首先学习如何认错，如何为事情的结果负起责任。其实，不能由于某人认错而指责他，也不应该要他负起过失的责任，而应认识到多数情况下，认错有助于事情的解决。

在一个人犯错误的时候，推诿责任，或者无意识地归于外部的原因，以减轻自己内心的负担，这几乎是人类的共性。一般员工这样做，是可以原谅的，但对于主管，其表现不仅关系到自己的威信，而且关系到公司的整体氛围。主管要勇于承担责任，甚至当失败不是主管本人造成时，高明的主管也会主动承担责任。因为其他人不会知道也不会关心失败的内幕，对于失败的外在结果却很清楚，主管的任何辩白都可能成为推卸责任的证据，会对其形象产生不良的影响；相反，主动、诚恳地承担责任则可能会给你带来勇敢、负责和诚实的好名声，因为没有人能不犯错误，但很少有人能主动承认错误。

培养为事情结果负责的精神

◎ 案例

孩子哭了

小孩儿不小心撞到桌子上，大哭。不同的妈妈对这件事情的态度是不同的。

有的妈妈的第一个动作是打桌子，虽然这是我们哄小孩儿的常见方法，可是无形之中告诉了孩子：责任在别人。

有的妈妈则把孩子带到旁边说："来，再走一次。一个人跑步会撞到桌子有三个原因：第一是他跑步的速度太快，刹车不及；第二是他的眼睛一直看着地而没有注意前方；第三是心里面不知道在想什么。你是哪一种呢？"

从上面的小故事可以看出，好的家庭教育非常注重对孩子责任心的培养，桌子是没有生命的，妈妈不能把孩子撞到桌子的责任归咎于桌子，推卸责任是不可取的。

◎ 案例

背包的一家人

在上海火车站，我曾经看到一家三口旅游，爸爸背个大包，妈妈背个中包，小孩儿背个小包。也许爸爸的大包里面是蚊帐、帐篷、毯子，妈妈那个中包里是家庭用品和生活用具，小孩儿那个小包里面是他的点心和玩具。

看了看旁边，同样年纪的小孩儿没有一个背包的，统统是爸爸、妈妈全权负责。

一个人是应该从小承担责任的，这样长大以后才能更好地为自己负责、为社会负责。

曾经有一位警察给一个小孩儿开了罚单，因为小孩儿骑单车时闯红灯了。警察叔叔可能是罚了一杯牛奶，也可能是罚了两块饼干，但不管罚的是什么，最重要的是对小孩儿起到了教育的作用，告诉他从小就应该为自己做过的事情负责。

《孙子兵法·地形篇》中说："进不求名，退不避罪，唯人是保，而利合于主，国之宝也。"这表明，将帅价值观的核心是对事业的献身精神和责任感。进退不以名利为衡量标准，承担责任无论功过，视保全民众和士卒为己任，自身的利益服从国家的利益。只有一心为公，视事业如生命的将帅才能担当大任，成就大业。

作为合格的经理人，必须能调整自己，勇于面对问题，提供解决方案；既要动脑，也要动手，只愿意指手画脚的人是难有容身之地的。越是高层，就越要对结果承担责任。

高层主管的领导责任

◆ 建立愿景与共识

心理学大师亚伯拉罕·马斯洛曾说："杰出团队的显著特征，便是拥有共同的愿景与目的。"学习型组织中的第三项修炼便是建立共同愿景。唯有高层主管拥有组织的整体掌控权，因此作为组织中的舵手，必须寻找未来的航向，并促进大家达成共识。

◆ 制定战略

“战略决定一切”，《孙子兵法》中说“上兵伐谋”，二者都在表达战略的重要性。如何在竞争中将组织有限的资源转化为获胜的因素，并且合理地调动组织的积极性去实现目标，是高层领导者极其重要的任务。

◆ 资源汇集与分配

组织必须拥有相关的资源，方能发挥效能。高层主管必须站在企业战略的高度上，从宏观的角度去汇集资源，并依照战略分配资源，使其发挥最大效益。

◆ 创建与维持企业文化

文化是组织的灵魂，它虽然是看不见摸不着的，却时时刻刻影响着组织的运作。文化是价值观、行为、习惯、风俗、典礼、仪式的综合体，也是所有人员的内在规范，优秀的企业文化可以为企业带来生命力与内聚力，可以使组织遵循较佳的路径行进。

以上这些任务有几个共同点：一是较为抽象，不易简单地处理；二是不具紧急性，平时不会造成压力，因此可能拖延再三；三是短时间难以评论成败，因此检测较为困难。要评价一位高层主管是否称职是较为困难的，但是其成败对组织的影响是巨大的、深远的，所以高层领导者必须要有兢兢业业、谦虚谨慎的精神，并保持高度的警觉性与危机意识。

中层主管的领导责任

◆ 建立程序与标准

无规矩不能成方圆，组织要能有效运作，中层主管必须建立必要的标准与程序，并将这些规范移植到组织中，成为组织的职能与习惯，使下属愿意遵从。

◆ 设定目标与计划

中层主管应将公司的战略目标分解为部门具体的工作目标，并依此制定执行的方案，将任务分配给合适的员工，在合理的预算与时间内实现组织的目标。

◆ 激励士气

人是有感情的动物，心理上认同与喜欢的事情，做起来自然愉快顺畅。士气的提高与下属的价值观、喜好、情绪、人格特质有关，如何激励下属，调动其积极性，是每个主管的重要任务。

◆ 培育下属

如果下属的能力不足，就无法有效地完成任务。所以除了调动下属的积极性外，还要培养他们，使其能够适应工作的要求。现代技术是不断变化和发展的，所以培养下属便成为持续性的活动。

中层主管的任务是将抽象的目标转化为具体的行动，并促使团队的成员既有意愿也有能力去实现。因此中层主管要实现有效领导，必须要有清晰的思维、严谨的计划、丰富的创意、贯彻执行的毅力，以及融洽的人际关系。

“努力地表现”与“不停地辩解”

避免“不停地辩解”，少说“我以为”

我们身边大体有两种人：一种人习惯于“努力地表现”，而另一种人习惯于“不停地辩解”。

“不停地辩解”是一种不太好的习惯，但是有这种习惯的却大有人在。是否你也有一点点这样的毛病？如果你经常这样做的话，试想一下这样会给别人留下什么样的印象。

◎ 案例

总经理与董事长的对话

片段一：

董事长：余总经理，你注意一下，我们的钢铁销量最近正在下滑。

总经理：对不起董事长，这是我的错，我马上召集有关人员调整销售策略。

董事长：西班牙瓦布贝尔家具最近不太好卖，怎么回事儿？

总经理：这也是我失察，我会尽快找出解决方案。

董事长：还有，余总经理，你注意一下，听说那个王副厂长最近闹情绪，不大想干了。

总经理：……

片段二：

董事长：余总经理，你注意一下，我们的钢铁销量最近正在下滑。

总经理：董事长，这是因为韩国釜山钢铁最近一直在美国不停地降价，我也没有办法呀。

董事长：西班牙瓦布贝尔家具最近不太好卖，怎么回事儿？

总经理：我以前提醒过您不要进口西班牙大理石的家具。

董事长：还有，余总经理，你注意一下，听说那个王副厂长最近闹情绪，不大想干了。

总经理：我听说那个家伙在外面“包二奶”……

无疑，不在上级面前过多地谈论自己的下属，不拿客观困难说事儿，尽可能地“努力表现”，是一个成功经理人必备的职业操守。

“我以为”是人们辩解时常用的口头禅。当错误出现时，经理人应少讲“我以为”，不要相互推卸责任，追究是非，而要及时承认错误，努力解决问题，只有这样，才能大大提高企业效率。

积极主动做事

英特尔公司中国区总裁杨旭曾经谈到优秀员工的一个特质：

“我认为现在最大的挑战是如何让员工真正清楚地理解公司的策略，然后主动来支持它。我最担心因为我没有解释清楚，或者是方向没有制定清楚，导致员工做事做错了或者不够积极主动。也许我会再解释一遍，不行，再解释，嗯，好，明白了，但是呢，时间一长，大家又蔫了下来。美国的员工做事情非常自觉和主动，只要在他职责范围内，他一定会主动去做，而不是当一天和尚撞一天钟。”

敢于承认错误

人际关系学大师戴尔·卡耐基曾经说过：“假如我们在知道自己势必遭受责备时先发制人，自己责备自己，这样岂不比让别人责备好得多？听自己的批评，不比忍受别人的斥责容易得多吗？”如果你在别人批评你之前进行自我批评，他就会采取宽容、原谅的态度，从而减轻对你的责难。

当我们正确的时候，我们要温和地、巧妙地得到人们的赞同；当我们错误的时候，我们应当真诚地承认错误，这样比为自己辩解有意义得多。

观察你自己

一个人要正确认识自己，只强调客观条件，不从自身入手，就难以有所成就。一般人都在研究成功者如何成功，却从来没有思考过失败者为何失败，所以也就没有避免失败者所犯的错误。

因此，在我们分享如何成功之前，不妨先探讨一下一个人失败的原因。

专注自己，少些抱怨

我们经常会听到类似这样一些抱怨："北京比较好做，天津比较难做；我宁愿在大连，也不喜欢在长春；财务部门多好啊，它的员工总是最好的，受过高等教育和训练，人力资源部不行；我最不喜欢销售部了，我喜欢计划部……"如果每个人都这样，必将一事无成。一个人要充分认识自己，而不要常常去研究管区、下属、办公室。行业之间是截然不同的，部门也是各有分工，因此不能说我的公司比别的公司面临的挑战更大，我的部门比别的部门困难多，我的管区与别的管区不一样，我的人手也不够……与其强调客观，不如从自身入手开始完善。

接受别人的批评

金无足赤，人无完人，任何人都有犯错误的时候。作为管理者，有时也要接受别人的批评，甚至是下属的批评。面对批评，管理者以怎样的态度去对待，体现着管理者的管理风格和管理素质。

◆ 不要猜测对方批评的目的

管理者应该将注意力放在对方批评的内容上，而不要去怀疑对方批评的目的。否则，对方可能不会再对管理者进行批评。久而久之，管理者的身边只剩那些唯唯诺诺的下属，当管理者出现问题时，也不会有人站出来提醒他，这种结果往往是很悲惨的。

◆ 不要急于表达自己的反对意见

有些管理者性情比较暴躁，或者不太喜欢听取别人的意见。如果有人向他们提出批评，他们的第一反应就是进行反驳。反驳并不能使问题得到解决，相反，可能还会使矛盾激化。当对方提出批评意见时，管理者应该认真地倾听，即便有些观点自己并不赞同，也应该让批评者讲完自己的道理。另外，管理者应该很坦诚地面对批评者，表现出很愿意接受批评的态度。

◆ 让对方说明批评的理由

有些人在进行批评时，虽然说了一大堆，但很难让人明白他具体在批评什么。如果遇见这样的批评者，管理者应该礼貌地让他讲明批评的理由，最好能讲出具体的事件。这样可以使管理者清楚地明白自己在哪些方面还存在问题和不足。另外，还可以让无中生有的批评者知难而退。

◆ 承认批评的可能性，但不下结论

有时管理者对批评者所批评的事情可能还不是很了解，在这种情况下，不论承认错误还是不承认错误，都会使自己处于被动。最稳妥的办法是先承认批评者的批评有一定的可能性和合理性，并且表示对批评者的观点能够理解，但不就批评本身下结论。在此之后，管理者应该认真了解事情的真实情况，并进行认真的分析，最终对批评者的批评进行客观的评价。

检讨自己，承担自己的责任

在一些外资公司中流传着这样一句话“Always solution，Never excuse”，即“永远寻找解决方案，不要怨天尤人”。但愿它能成为经理人的座右铭，并时刻提醒经理人不要忘记自己的职责——时刻为企业提供有效、及时的解决方案。

与其强调客观，不如从自身入手，凡事多检讨自己，努力承担自己的责任，这些都是作为一个经理人必不可少的素质。

勇于承认错误，意味着你向成功又近了一步。有些人把承认错误视为软弱的表现，是承认失败与暴露不足，实际上，文过饰非是自欺欺人的一种表现，它使你失去了改进的机会，而错误终究会表现出来，那时，你的信誉就会一落千丈。

优秀的主管应当从承认错误中获得力量，因为他懂得可以从自己的错误和其他人对错误的讨论中学到很多东西。而且，他知道当一个人有足够的勇气和胆量承认错误时，“清算”的呼声也就越来越小，并且慢慢消失。

优秀的主管不仅要学会承认错误，还要学会正确对待别人所犯的错误。一味强调他人的错误，说三道四，要求“清算”，这只是无能的主管的做法，优秀的主管应该帮助犯错误的人吸取教训。

当然，错误还是越少越好，原则性错误一定不要犯，非原则性错误一定要少犯，既然犯了错误，就要勇于承认。

承担下属的责任

◎ 案例

吴经理上任

吴经理是某跨国公司的经理人，负责南大区的运作，虽然职位已经很高了，但总感觉到有“玻璃天花板”，自己的才能没有得到充分发挥，因而很苦恼。碰巧他结识了民营企业家张先生，经过一番了解以后，被重金聘为该民营企业的销售部经理。

吴经理刚上任三个月，他所负责部门的销售代表小李就被客户投诉，说小李贪污返利，经过审计部调查，情况属实，并且返利单据上面还有吴经理的签名。这件事使总经理很是光火，于是他亲自到销售部质问此事。

“我不知道你是怎么当经理的，”张总对吴经理说，“你手下的销售代表竟然胆敢贪污客户的返利，这么长时间了，你居然不知道？而要等到客户投诉到我这里才知道。唉，也不知道你是怎么做管理的。”

“我也知道了这件事，”吴经理辩解道，“按照流程，小李是把返利单报到我的助理那里，她审一下，整理好，给我签字，我的工作也很多，可能没有看清楚。”

“是没有看清楚那么简单吗？你的工作比我的多吗？”张总怀疑地看着吴经理。

吴经理无奈地说道：“是我工作的疏忽，回头我会和助理商量改进工作流程，并要求公司处理她，也请处理我。”

“处理助理能挽回公司的损失吗？这件事负全责的应该是你！”张总对于吴经理这种模糊的态度很气愤。

“是这样的，”吴经理继续辩解道，“张总，你也知道我刚来，销售部很多关系还没有理顺，我们都知道这个助理很能干，在工作上是一把好手。但她和我的关系，我感觉总存在问题，没有理得很顺，甚至有时我要顺着她的意思来签署一些文件。毕竟我是新来的，要有适应的阶段，我保证今后这样的事情一定不会发生了，你再给我一次机会吧。”

“本来我过来是来了解一下事情的原因，并不是要处理你的，”张总说道，“不过现在得考虑一下你的能力问题了。”

◆ 谁的错误

上述案例中，很明显是吴经理做错了。在老板眼中，吴经理是代表销售部的，只要是销售部出了问题，无论责任是多是少，一定有吴经理的责任。

所以张总了解情况时，吴经理要首先承认错误，而不是进行推脱，更不是拿小小的助理垫背，这些行为都为老板所不齿，也是缺乏责任心的表现。

老板知道，当出现问题时，惩罚当事人不是唯一的办法，关键是不让问题进一步发生。有人主动承担责任了，大家才能尽快静下心来寻找解决问题的办法，否则人人自危，大家把时间都花在推测谁是责任者上了，这种纠缠在老板眼中没有任何意义，除非确实能起到杀一儆百的作用。

同时，只有经理先把责任承担下来，下属才能和经理一起找到解决问题的根本办法，而不是一味追究责任到底在谁。只有经理勇于承担责任，下属才可能站出来承担属于自己的责任。

所以无论从老板的角度，还是从下属的角度，经理都要首先站出来承担责任。经理只有承担了责任，才会得到上司的器重和下属的拥戴。

当然，要得到上司的信任和下属的支持总需要一个过程，而这个过程也不是一帆风顺的。在这个例子中，吴经理羽翼未丰，受到助理的牵制，也是很正常的。摆脱环境的影响，需要时间，也需要实力。将这个过程中出现的问题作为向老板辩解的理由，老板不但不会认为“情有可原”，而且还会认为他很无能。

案例中的助理也有可能是老板派来专门监视吴经理的。作为一名老员工，助理得到的信任可能比吴经理多，助理也可能是在老板的授意下，专门制造一些问题，来试探吴经理的能力。听到吴经理这样抱怨助理，老板会怎么想呢？所以老板有下面的话也就不奇怪了：“本来我过来是来了解一下事情的原因，并不是要处理你的，不过现在得考虑一下你的能力问题了。”

◆ 正确的做法

在老板还没有质问时，吴经理就应直接到老板办公室，向他汇报事情的整个过程并提出自己的建议。

“张总，这件事情是我的疏忽，我是应该仔细审一下返利单的，如果仔细一点、严格一点，可能就不会这样了，我要为这件事负责任。”吴经理愧疚地说。

张总紧绷着的脸松弛了一点，说：“这件事情影响很坏，你知道别的部门会怎么想？别的销售代表会怎么想？很可能对你以后的工作开展不利。”

“没有办法，既然这样了，我就要为这件事情负责，我服从公司的决定。”吴经理恭敬地说。

“处理你不是根本的办法，关键是以后不再出这样的事情，你有什么好的建议吗？”

“我觉得以后返利应直接由财务部计算出来，并在客户下一次进货时扣除，这样就不需要通过销售代表了，也就没有人为的干扰了。”

“这也是一个办法，但销售代表手上的资源就更少了，你以后和他们协调起来更难了。不过还是个好办法，我看就出个制度，把这个流程固定下来。”张总赞许地说。

“怎么样，工作上有什么问题吗？”张总问。

“还好，我现在的助理可以帮我很大的忙，一般都是由她审核、整理以后，再给我签字。毕竟她是公司的老员工，对公司的情况比我了解。在这三个月中，她对我的支持很大，我已经对公司的基本运作有了比较清楚的了解，我想是不是给这么优秀的员工一个机会，让她能有更好的发展空间？”吴经理说（暗示并借机解决助理的问题，在夸奖助理的同时，也向老板暗示了自己的苦衷，让他来做进一步的安排。有时也可以直接对老板说，这要视老板的性格而定）。

“她的事情要由你来安排，这是你们部门内部的事。”张总说。

如果你直接承认了自己的错误而老板还要训斥你，往往有两个原因：一个原因是这个错误太严重了，老板只能通过训斥的方式，让你知道错误的严重性；另外一个原因就是，老板根本不信任你，所以也没有必要给你面子，通过训斥让你早日“醒悟”。当然老板也可能根本不训斥你，一般也有两个原因：一个是老板在给你承认错误的时间；另外一个是老板已经准备对你“动手”了，即正在寻找替换你的人。综合起来看，只要是部门的问题，部门经理还是主动找老板承认错误比较好，因为这样更安全。

失败是成功之母

作为一个优秀的管理者，与其埋怨员工，不如反思己过，对现实中已造成的失误要勇于承担责任，要认识到从错误中学到的东西远比从成功中学到的多，以避免重蹈覆辙。

工作中，没有任何人能避免犯错。否认失败是无能的象征，承认失败并从中吸取教训才是应该做的事。

管理者应列出十条“最佳”工作失误，即那些大的挫折和你认为对工作最有教育意义的失误。还应写下每次失败的本质及后果，分析失败的主要原因，每个原因应反映出你在判断上和行动上的弱点。这些原因不可以是“运气不佳”“别人办的蠢事”。即使当真如此，这些“原因”也并不能使你受益。下一步该找出成功的必要条件，总结一下取得的成绩和如何将现有的成绩发扬光大。

本章小结

拒绝承担个人责任是经理人常犯的错误之一，“优秀的管理者，应该为事情结果负责”。习惯于推卸责任不但不利于事情的及时解决，还会对经理人的个人发展、企业的发展产生不良的影响。

如果你有“不停地辩解”的习惯，如果你习惯于说“我以为”，请马上改掉，这都是拒绝承担个人责任的表现。

正确认识自己，专注于自己的本职工作，找出自己可能忽视的一些问题并及时调整，是成为一名称职经理人的有效途径。

第二章

未能启发和引导员工

离开办公室一天，不会引发混乱

管理者应避免“少不了他们”的感觉

未能训练员工提升其绩效

管理者调职、退休、死亡也不应使公司瘫痪

在我们的观念中，常常把启发员工看成是人力资源部门的事，其实作为企业的管理者，应该承担鼓励下属主动学习的职责。也许公司的培训部门可以利用一些工具对员工进行培训，或者为他们提供一些学习机会，但是大多数的知识需要员工在平时工作中不断地学习获取，所以启发和引导员工也是一名经理人的重要职责。

如果工作符合自己的兴趣，并且自己的能力足以胜任，员工就能工作得格外起劲。每个人都有其优缺点，如果总是揭发一个人的短处，就会使他萎靡不振，这就好像花草一样，一旦得了枯萎病就可能整株枯萎下去。反之，倘若管理者能不断地鼓励员工发挥长处，他的短处也会在不知不觉中“消失”，甚至短处也会变成长处。

因此，不妨将你所发现的别人的长处列表记下，然后再从反面观察他们的短处，此时你或许会发现这些短处也许就是他独特的个性。当你发现下属的长处时，应对其加以训练、指导。

21世纪的管理者必须是一个沟通大师。管理者应创造一个共同理想，并通过有效的沟通使组织成员达成共识，形成组织的愿景。21世纪的管理者还必须是一个团队建设者，必须负责选拔合格而且有发展潜力的团队成员，并对其进行有效的系统培训，采取各种激励措施来激发团队成员的创造力，提高其对团队工作的投入度。

离开办公室一天，不会引发混乱

不知你是否注意过这样一种现象，企业主管大都喜欢随身携带手机，吃饭、出门、坐车、开会……手机时刻不离身，电话业务十分繁忙。这其实暴露了经理人的一个弱点——他们认为：这个企业不能没有我。

早起上班前随身携带纸和笔，记录通话简要内容（无论是你打给别人还是别人打给你），结束一天工作时检查通话记录（见表2-1）。进行了这个测评，你可能会发现，有几次电话是没有必要的，有几次是很无聊的，有几次是打错的……可能有一半是可以避免的。这无疑是没有效率的表现。

表 2-1 管理者通话记录测评表

<table>
<tr><td colspan="3">姓名：________________日期：________________
部门：________________职务：________________</td></tr>
<tr><td colspan="3">电话记录</td></tr>
<tr><td>序号</td><td>简要内容</td><td>分析</td></tr>
<tr><td></td><td></td><td></td></tr>
</table>

使用说明：

目的：评测管理者的电话使用效率，检查在管理者一天的电话记录中，有几次电话是没有必要的，有几次电话是事先处理就可以不用打的，有几次是很无聊的，有几次是打错的……总之，有多少是可以避免的。

填写：简单填写电话内容，并对该次通话内容是否必要做出评价。

与管理原则无关的事情

每个管理者首先要进行自我安排。第一要分配自己有限的时间。安排时间有许多实用的辅助方法：例如使用在专业商店里有售的时间计划簿，在这种计划簿里列出了各种格式的个人年度、月度、每日时间安排一览表和顺序表。使用这种计划簿可以防止管理者浪费时间，最大限度地提高工作效率。

我们来归纳一下赢得时间的 5 个要点：

第一，只和具有一定权限的人而不是太多的人一起做决策。

第二，随身携带录音笔和笔记本，随时记录自己的想法。这样就不会错失突然产生的想法和建议。

第三，善于发挥他人的长处，不要事必躬亲。别人如果能做得更好，就授权让他去做。

第四，执行困难的任务时不允许受干扰，否则工作又要从“零”开始。

第五，尽可能不接待未约定的来访，要求来访者约定日期。避免无结果的会议，或者干脆中断会议！

重要管理方法的核心思想

◆ 分权管理

分权就是转交责任，一个上级不应自己制定所有的决策，而应将确定的工作委托给他的下级，让他们有一定的判断和独立处理工作的权力，同时也承担一部分责任。参与决策提高了下级的积极性，也使他们的工作意愿和工作效率都得以提高，上级也可以从具体工作中解放出来，从而更多地投入到本身的领导工作中。

◆ 漫步管理

漫步管理的意思是：领导者，尤其是最高领导，不要埋头在办公室里，而要尽可能经常地让下属看见他，就像在企业“漫步”一样。这样企业领导就可以第一手（直接从员工那里）获知员工有什么烦恼和企业流程在哪里卡住了。而且，领导亲自察看工作和倾听员工的意见对员工也是一种激励。

◆ 例外管理

领导只对例外的情况亲自进行决策。例如一个下属有权决定 6% 以下的价格折扣。当一个顾客要求 10% 的折扣时，就属于例外情况了，这时必须由上司来决定。这种管理同样是为了提高员工的工作意愿，同时员工也有独立处理工作的可能，从而减轻了上司的负担。这个方法的实际困难在于：难以界定什么是“正常”业务，什么是例外。因此要经常检验决策范围。

◆ 目标管理

上级规定下属要达到目标。例如：销售额提高 15%。各个部门的员工要共同确定达到这个目标应该实现的自己的（下级）目标——提高产品销售。上级则有规律地检查销售额的变化情况。像分权管理和例外管理一样，目标管理可以提高员工的工作意愿和参与责任。此外，下属们共同追求要达到的目标，促进了团队的合作精神。

◆ 结果管理

上级把要得到的结果放在管理工作的中心。像目标管理一样，结果管理更多地关注工作意愿和参与责任。但在结果控制时不一定要评价一个下属，而可以评价一个部门或他所从属的一个岗位。

◆ 参与管理

下级参与有些问题，尤其是与他本人有关的问题的决策。例如一个员工被调到另一部门或外面的分支机构任职，当对重要问题有共同发言权时，员工就不会感到被“傲慢”地对待了，这可以使他们认识到调职的意义和公司对他们的信任，从而提高对企业目标的认同。

◆ 系统管理

对确定的企业流程进行管理。企业是一个庞大的系统，这个系统就像一个电流调节系统一样在运行，对那些不断重复的活动有许多规定和指令（例如机器的开和关、更换和维修），因此，这种方法主要用于工业企业。系统管理中许多规定是为了保证“整个系统的运行”，人的工作要服从于这些规定。领导采用这种管理方式时要注意，不要使企业内部太“官僚主义”。

一个管理者注重集体协同工作，把自己看作是他所在团队的“第一号”，有意地将他的部分责任分给他的团队成员。另一个管理者则喜欢发号施令，对员工的要求首先是遵守纪律。当然，一个企业常常规定了其管理者的管理原则，从而使整个企业有统一的管理风格。

真正优秀的管理者完全不会担心自己出去一天会引发公司的混乱，因为他们的企业有着严格的制度与良好的企业文化。严格的规章制度使员工可以照章办事，良好的企业文化会使员工自然地形成一种意识形态以及工作标准。

企业管理者领导的不是一个整体，而是由个体组成的集体，每个集体的成员都有不同的强项、弱项、工作方式和盲点。一位领导不能首先学会如何与个体合作，则无法使集体团结合作。心理学家和公司领导人哈维·罗宾斯说：“你要在别人希望你如何与之合作的基础上与他人合作。这是让别人追随你的途径。”因而，领导工作是一对一的活动。

管理者应避免“少不了他们”的感觉

管理者不是把所有权力揽在手上

在中国只要讲到海尔，就一定要提到张瑞敏，一讲到联想就少不了提到柳传志，一讲到四川的希望集团就一定要提到刘永行和刘永好。这使很多企业主管产生一种处处少不了他们的感觉，习惯于将权力“一把抓”，企业的任何事情都要向他请示，一旦找不到他很多事情便无法进行。其实真正的管理者只需要对关键事务进行掌控，而不是把所有权力揽在手上，有了制度和文化的企业不一定需要总揽大权的人。

◎ 案例

巧克力蛋糕

吴经理是一家船舶制造公司的经理，他领导着100名员工进行船舶的制造。100名员工，如果事事靠吴经理来做决定，肯定会效率不佳。吴经理的团队，工作做得非常出色，他是如何做到的呢？

吴经理说："我经常在船厂里到处走，走到哪里就问一下那里员工的工作进展，但是不会轻易批评他们。如果你不了解员工的任务和紧张感，你就会轻易地批评他们。大多数人都想把工作干好。你要让他们知道你是来帮忙的，而不单是来下命令的。"

同时，吴经理也对集体中的个体给予了足够的重视。曾经有一位工程师迟迟未签署一份文件，吴经理提出：如果他在当天签好文件的话，就送他一个巧克力蛋糕。当天下午4点，签好的文件送到了吴经理的办公桌上，而吴经理的巧克力蛋糕也在第二天早上送到了工程师手中。他永远也忘不了当时工程师脸上的表情，那是一种感动和不可置信的表情。

多数员工都碰到过糟得透顶的经理，他们视人如草芥，总认为员工一辈子都无创见，对员工总是漠不关心、居高临下，甚至滥用员工。这些人的聆听技巧和反馈方式都很糟糕。他们不会分派任务，不会培养人，不会进行业绩评估，办事也没有轻重缓急。他们脾气暴躁，对人缺乏耐心。这种经理创造的必将是一个充满恐惧和偏执的工作环境。

凡有这种经理的企业都面临过管理不善的问题。作为经理，你究竟犯了多少这类错误？答案只有你和你的员工知道。

简单说来，管理不善就等于留用不合格的、培训不足的或准备不足的经理人。这些人缺乏运用人际关系技巧来提高员工的责任心、改善企业业绩的能力。

学会教练式的引导

经理人终日忙于计划、组织、指挥和控制的日子已一去不复返了。当代经理人必须运用适当的人际关系技巧来激励员工，必须建立起一种关系使团队整合的威力大于个体简单相加之和。经理人必须培养积极的工作关系以加强员工的自信心；必须对员工加以培训，让员工人尽其才；必须促使员工提高工作业绩。与此同时，经理人还必须创造宽松的工作环境，为员工的个人发展提供机会；经理人必须重视对有贡献的员工给予奖励，学会担当足球教练的角色，学会教练式的引导。

什么叫作企业教练呢？

一个企业就像一个足球学校，学校由几个教练分别负责，有的教练专门训练守门员，有的教练专门训练前锋，有的教练专门训练后卫。当球队要比赛的时候，主教练选拔各个小组中合适的人来参加比赛，而教练是没有办法代替球员出赛的。如果这个时候球员不合格，教练就要受到指责。如果在比赛的过程中，球员出现失误，主要责任在主教练。归纳一下就是，如果球员在训练和选拔的时候失败了，主要责任在训练的教练；在比赛的时候失败，则主要责任在主教练。员工就是队员，经理人应积极制定战略战术，观察他们在场上的表现，及时纠正他们的失误，才可能在比赛中胜出。

在自由开放的企业氛围里，企业领导充当的角色应当是教练的角色。教练工作不仅是训练，还包括辅导、参谋、揭露矛盾、教育。训练工作要求领导人员具备倾听的能力以及表达赞赏、感谢的能力。通常在员工首次做某事之前或之后，管理者要对其进行特殊的鼓励，纠正其错误，并对员工进行训练工作。辅导就是帮助能力出众的员工充分展现出自己的能力。参谋就是当发生问题、工作受到影响时，给予员工建设性意见以及支持和鼓励，并进行双向的讨论。揭露矛盾就是把工作中存在的问题、员工的重大失误正面地公布出来，由众人一起来解决、纠正。教育也就是我们一般所说的培训。

企业的管理者要作为一个教练来引导员工发展，不断通过各种训练来促使员工成长。除非万不得已，不要插手员工的工作，而要让员工自己解决问题。

总之，经理人必须停止做经理，而要开始做员工的教练，以提高员工的责任感和业绩。

未能训练员工提升其绩效

你不能管我，但你不能不搭理我

有一些人是天生的反骨，你要他做的事情，他偏偏做不好；你不要他做的事情，他偏偏要去做。给他的指令少，他做不好会说：“你看，安排我这个工作，也不说清楚，结果我没有考虑到这个环节，出现了问题，你说是谁的责任？”给员工太多指令，当他做不好时也会说："我又不是小孩子了，婆婆妈妈地说个没完，我知道怎么做！"于是在工作中，员工就用懈怠、拖延来发泄自己没有得到重视的怒气。总结以上员工的心理特点，那就是：让我做事可以，你不能管我，但是你不能不搭理我。

在学习型组织中，领导者是设计师、辅助者和教师。领导者的设计工作是一个对组织要素进行整合的过程，他不只是设计组织的结构和组织政策、策略，更重要的是要设计组织发展的基本理念；领导者的辅助者角色表现在他对实现愿景的使命感，他自觉地接受愿景的召唤；领导者作为教师的首要任务是界定企业真实情况，协助员工对真实情况进行正确、深刻的把握，使他们加强对组织系统的了解，促进每个人的发展。

在一次座谈会上有员工发言："我的上司并不苛求我们照搬他的模式，也认为我们做得很好，他凡事仅给我们关键性的指导，对我们很有帮助。"也有员工表示："我的上司曾亲口对我说我具有某某长处，若能进一步发挥不是更好吗？因为上司能促使我们进步，我们工作起来也就觉得很有意思。"像这样的上司才是能使下属发挥长处的好上司。

要使他人发挥长处，必先赞美他的长处。当你赞美其长处时，与其进行抽象、空洞的赞美，不如给予他具体的称赞。比如说："你很漂亮。"这句话似乎太笼统了，不妨换个方式说："你有一双水汪汪的大眼睛。"让对方知道自己的长处究竟在哪里，并更努力地发挥长处。

业绩辅导

◆ 业绩辅导是“以人为本”的管理方式

业绩辅导要求经理人通过建立良好的人际关系、进行面对面交流来拉近和员工的关系。它要求经理人不停地转换角色，积极参与员工的工作，而不做消极的旁观者。业绩辅导更多地依靠良好的提问、倾听和协调技巧，而不是简单地分派任务、控制结果。

业绩辅导分 4 个互为因果的阶段，每一阶段都是下一阶段的基础，未完成前一阶段的工作就无法进入下一阶段，最后一个阶段则对整个业绩辅导流程起到一种加强巩固的作用。

进行业绩辅导，首先应在经理人与员工间营造出一种健康的工作关系，以增强员工的责任感，改善其业绩、提高生产力。

“增强责任感”意指员工为了自己团队或整个企业组织的目标做出个人牺牲。要实现这一点，务必要使员工明确团队、部门或企业组织的目标，为员工提供必要的培训，并允许员工对涉及自身工作的决策拥有更大的影响力。

◆ 业绩辅导的运用

1. 运用业绩辅导的 4 种方式

在对员工进行业绩辅导的过程中，经理人可以采取 4 种方式——培训、职业辅导、直面问题、做导师。每种方式带来的结果各有不同。

（1）培训

这种方式要求你扮演一对一的教师角色，你有责任与员工共享最终会影响员工成长的信息。经理人必须对员工的发展负责，所以不要把公司的培训交给公司之外的人，因为他们不会对员工的业绩负责。

（2）职业辅导

这种方式要求经理人扮演职业教练的角色，经理人必须引导员工深入地就其现在和将来的职业发展道路探索其兴趣和能力所在，帮助员工考虑其发展的替代方案，决策有关职业发展问题，还需要让员工所在组织了解他的职业发展观，以便企业做出相应的计划安排。

（3）直面问题

经理人要使员工提高业绩，必须要直面问题。直接指出员工业绩欠佳无异于训斥他们，会打击他们的工作积极性。因此，经理人必须学会避免用批评的语气指责员工，而应该直面问题，想出解决的对策，帮助员工改进业绩。

（4）做导师

做导师的主要目的是促使员工在职业生涯中取得进一步成功。作为导师，经理人应指导员工解开企业组织中的种种难解之“谜”，引导员工度过企业组织中的种种危机，帮助他们培养处世能力。做导师与做职业辅导有所不同，导师需要源源不断地根据企业组织的目标与经营观为员工提供信息和见解，并教导员工如何在企业组织内发挥作用；此外，在员工遇到个人危机时，经理人还要充当他们的知己。

2. 培养员工的自尊心

培养员工的自尊心是经理人进行业绩辅导的结果，同时来自于员工提高业绩水平和解决困难的自我意识。培养自尊对经理人和员工同样有益，因为它有助于二者间产生一种协同关系。

3. 通过奖励树立职工的责任感

作为业绩教练，经理人必须实现企业预定的目标。但是只靠经理人一个人是完成不了的，经理人必须采取激励措施来树立员工的责任感，直言你对员工的期望，这包括告诉他们你想得到的结果、达到的质量水平及完成时间。

经理人还必须让员工了解工作结果的重要意义，这有助于让员工认识到准时出成果和达到质量要求的重要性，使他们认识到自己的努力对最后的工作成果有何影响。经理人还要告诉员工他们究竟干得如何，因为只有及时地将信息反馈给员工，员工才能沿着正确的方向前进。最后，经理人必须奖赏业绩优秀的员工，必须明确地表示：员工良好的工作成果与对他们的表彰是息息相关的。改进业绩是一个复杂而艰难的过程，采取措施对员工进行恰当的奖励是经理人不可推卸的责任，而奖励对提高员工业绩、取得你所期待的成果具有神奇的功效。

企业的管理者要注意运用情景管理的方法，即针对不同的员工、不同的事情，采取不同的管理办法。管理者还要充分地尊重员工，只有员工受到尊重了，才会自主自愿地工作，才会发扬主人翁精神。管理者要做到有所为，有所不为。有的时候管得太多，反而会出乱子，“无为而治”的效果可能更好。

要随时、随地、随人、随事地教育下属

要达到对下属的教育作用，不一定非要开个会、办个训练班才可以。

◎ 案例

你找我有什么事

王经理出门经过前台，正好前台桌上的电话铃响了。

“你好，是我，你找我有什么事吗……”这是前台小林在接电话。

待小林放下电话，王经理皱了皱眉头，问：“刚才是谁来的电话？”“是大楼物业经理，询问假期留人值班的问题。”

“哦。”王经理点点头，之后对小林说，“以后工作注意一下，不管客人是打电话还是直接上门来，作为前台，都要热情接待。你问客人‘你找我有什么事吗？’，表面上是礼貌，实际上却很冷漠。只要稍微换一种口气，问‘您找我是什么事？’，客人心里就会好受很多！

“还有不要问客人‘你预约了吗’，这种说法跟‘你找我有什么事？’一样，容易让客人反感。客人既然上门了，你再问预约没预约已经没有任何意义了，作为公司非常重要的门面，你就得无条件地热情接待，不能因为他们没有预约而怠慢他们。

“如果没有预约，你要先弄清来客的姓名、单位，以及来访的目的。如果客人点名要与某某见面，就应当立即与当事人联系。但是，在联系好之前，不要给客人肯定的答复，因为当事人可能不在，也可能不愿见这位客人。如果是不愿见这位客人，那你就要这样答复：‘实在对不起，某某外出了……’。这样，你就不会给客人留下一个缺乏诚意、为人冷漠的印象。”

王经理仅用了几分钟的时间，就指出了前台小姐所犯的错误，并给出了具体的解决办法，做到了随时、随地、随人、随事的教育，过程简单，但效果很好。

显然为这样一件事情召开全体职工大会，或者组织集体学习并没有什么必要。在上面的案例中，经理的做法直接有效，值得管理者们用心学习。

创造卓越绩效

不管是企业的决策者还是经营管理者，都会面临这样的问题：怎样才能让员工充分发挥作用，创造出卓越的绩效？

“建立高效的团队，借助集体的力量来创造卓越的绩效”等相关的论述描述的只是一种结果，而非操作过程。其实，在创造卓越绩效的过程中，管理者起着类似催化剂的作用，比如建立一支高效的团队，充分发挥集体的力量等。

那么，管理者到底该怎样做呢？应该怎样挖掘下属的潜在能量呢？应该怎样选拔人才、设定期望值以及如何激励和培育每一位员工，以建立一支高效的团队呢？

◎ 案例

挖错了地方

在哈里森·福特主演的电影《夺宝奇兵》中有这样一个情节：印第安纳裔考古学家琼斯教授想要知道从何处挖掘装有盟约的箱子，而他的对手纳粹党人已经开始挖掘了，琼斯不顾一切地要打败他们。箱子的位置记载在一个古老的装饰头盔上，一个长瘤的埃及托钵僧手持头盔，缓慢地、确切地翻译着上面的古梵语符号。突然，琼斯教授停止了脚步，他听着埃及人的翻译，意识到纳粹党人误解了古代的文字，他们的计算有误，测量用的手杖也太短。他于是对自己的同伴笑道："他们挖错了地方。"

用"挖错了地方"来形容对管理者的核心职能的错误认知是十分准确的。一些没有凸现出来的细节因素，足以使我们在实际工作中"挖错地方"或"迷失方向"。仅仅依靠经验、智力和决心来选拔人才，不可能建立一个杰出的团队；确定恰当的步骤和弥补个人的弱点也不是创造持续的、卓越的绩效最有效的方法。

不管面对什么样的状况和什么样的工作群体，我们都应该持有以下观点：

——人并不能改变太多，因此不要在他并不具备的方面浪费时间。

——正确的做法是：尽量发挥员工已有的优点，并将他安排到最适合自己优点的工作岗位上去。

如果将上述观点应用到经理们的核心职责中去，你就会发现传统观念的弊端：

第一，人的经验并不代表一切，仅仅能够说明此人在过去的工作年限中有一定积累。随着市场的快速变化和行业竞争水平的不断提升，经验有时候可能不是一件好事，而有可能成为因循守旧、故步自封的最大原因。智力也不能说明什么问题，现实生活中绝大多数人的智商都是差不多的，聪明绝顶的人只是极少数。但一个企业的发展壮大不可能靠一个或几个聪明人就能实现，只有卓越的团队才有可能做到。至于决心更不能说明什么问题，因为它的主观性很强。一个人之所以要表现得决心够大，很可能是为了入职、加薪、升职等个人目的。因此，经验、智力、决心，都只是建立杰出团队、创造高绩效的必要而非充分条件。

第二，每个人对公司的期望是不一样的。有的人可能很积极，并把它看成今后工作的动力；有的人可能不胜压力，甚至可能因为过度紧张而在工作中发挥失常。同时，从主观角度出发设定期望值，对于员工进行个人职业生涯规划其实并没有太大的好处。如果企业的文化、管理等方面比较优秀，那么员工可能会接受公司对他的期望并为之努力；如果企业的文化、管理等方面不够强，那么，企业对员工进行期望值方面的规划可能会引起员工情绪上的抵触甚至行为上的抗拒。这种状况的发生显然与公司提高效率的初衷是相悖的。

第三，正如前面所分析的，每个人都有自己的缺点和短处，试图让个人克服自己的短处，大多会是一件吃力不讨好的事情——尽管你的出发点可能是非常好的，对此人也绝对是有益的。与其教育一个员工认识并改变他的缺点，不如肯定他的优点和长处，并用种种手段（包括物质的和精神的）进行激励，让他更乐于发挥自己的长处，而不是把工作变成一件需要改变自己很多东西的苦差事。

第四，我们一定要对培训有一个正确的认识。培训只可能是“吃饭”，而不是“吃药”。它只可能为企业的发展、团队的建设和组织的新陈代谢提供必要的、新鲜的营养补充，而不能够成为一种包治百病的药。在一个公司里，有的人积极进取，希望不断提升自己的职务和薪酬待遇，但也有很多人安于现状，甘愿过一种平淡恬静的普通生活。每个人都有权利选择自己工作的方式，因此，每个人对于培训和教育的看法都是不一样的。如果我们试图让每个人使用相同的模式，最后的结果很可能是吃力不讨好的。

鉴于以上分析，我们可以对管理者核心职能中的 4 个方面做如下描述：

第一，选拔人才时，经理人应该选择真正有才干的人，而不是仅凭经验、智力和决心做判断；

第二，设定期望值时，经理人应该针对不同的员工确定恰当的工作目标，而不仅仅是恰当的步骤；

第三，激励员工时，经理人应关注他的实力和优势，而不是弱点；

第四，培训员工时，经理人应帮助他找到合适的、能够最大限度地发挥其能力的位置，而不仅仅是将其提升到前一梯队。

上述论述是革命性的，揭示了那些杰出的管理者是如何挖掘每个员工的潜能的，其出发点与我们传统的观念有很大不同，传统的观念使经理人总是习惯于从公司主观角度出发来开展工作，通过强硬的手段维持工作的正常运作。但是，我们的初衷是为了建设一个能够创造卓越绩效的团队，而非为了和某些人以及他们的坏习惯作对，倘若从这个意义上来理解，我们有什么理由不对管理者核心职能的认知有一个革命性的改变呢？

也许，改变今天的观念，将创造出我们明天卓越的绩效。

管理者调职、退休、死亡也不应使公司瘫痪

公司主管要注意建立企业的制度和文化，这样即使自己调职、退休、死亡，公司也不会瘫痪。

我们常听到“接班人”这个词，培养接班人对于一个企业来说十分必要。

如今，很多著名企业的老总已经成为企业的另一个代名词，这种强人观念使他们成为企业兴亡的关键。

在美国，有这样一句幽默的话：“在美国想当总统，随时要有两个心理准备，第一随时准备被暗杀，第二随时准备成被告。”出现第一种情况时，副总统马上会宣誓就职。在企业里，经理人也应随时安排好接班人，建立严格的企业制度，巩固企业的文化，以避免出现意外状况时，企业会瘫痪。

◎ **案例**

口红的故事

一位中国主管看见美国调试师正在调口红的颜色，走过去随便说

了一句："这口红好看吗？"美国调试师站起来说："亲爱的余副总（美国人通常都是叫名字的，叫了头衔就表示心中不太愉快了），这个口红的颜色还没有完全定案，定案以后我会拿给你看，你现在不必那么担心。第二，余副总，我是一个专业的调色师，我有我的专业，如果你觉得你调得比我好，从下个礼拜开始你可以调。第三，亲爱的余副总，我这个口红是给女人擦的。如果所有的女人都喜欢擦，而你不喜欢，那也没有关系；但是如果你喜欢，而别的女人都不喜欢，那么调这款口红又有什么用呢？""Sorry，sorry……"主管知道自己的问话有些不妥，连声道歉。

如果一位主管太喜欢干涉下属的工作，一定程度上会影响下属的创造力，成为他们行动的束缚。

最后用唐代著名丞相魏徵的一句话为本章做一总结，魏徵在《谏太宗十思疏》中谈道："……文武争驰，君臣无事，可以尽豫游之乐，可以养松乔之寿，鸣琴垂拱，不言而化。何必劳神苦思，代下司职，役聪明之耳目，亏无为之大道哉？"

作为企业主管的你是不是该适时地放下电话，端起久违的茶杯、咖啡杯了呢？

本章小结

作为企业的管理者，应该负起启发下属员工主动学习的职责。

管理者应抛弃公司“少不了自己”的感觉，建立起严格的规章制度和良好的企业文化，使员工自然地形成一种意识形态以及工作标准。

管理者要学会担当足球教练的角色，制定战略战术，观察队员在场上的表现，及时纠正队员的失误，争取在比赛中胜出。

管理者要自己训练员工，提升他的绩效，而不能指望别人，要坚持随时、随地、随人、随事地教育下属。

第三章

注重结果，忽视思想

两则寓言：商业浪漫主义

成功者与不成功者之间的差别

思想在启发，不在教条

想法→再结冻（触动→行为→习惯）

重视思想：不是把工作做对，而是找对的工作来做很多领导喜欢说：“别告诉我过程，我只要知道结果。”其实，在注重结果的同时也不能忽视思想。

经营企业是一项长期性的事业，企业领导人必须明白自己的旗帜是什么，指导思想是什么。

如果你有一个凡事只需要你讲一遍的下属，无疑可以使你省下很多精力专注于其他事务，而不用时刻想着去提醒下属要做什么了，该怎么做。这其实在于管理者对思想的培养。历史上很多建立功勋的伟人并不是有什么特别过人的本事，而是他们都十分重视思想的培养。

企业文化的核心一定体现了领导者的价值观。领导者的个人色彩，即他的个人思想、信念和价值观，肯定影响着企业文化的形成。

当企业文化强调“为达目的，不择手段”或“只重结果，忽视思想”，对员工的职业操守与品行的要求也不高时，员工就会愈不认为“看似不相关的事物都有可能彼此影响”，或者愈倾向于认为“看似不相关的事物就真的无关，也不会互相影响”，就愈不能进行系统的思考。

| 两则寓言：商业浪漫主义 |

狐狸与葡萄园：在乎过程而不注重结果的故事

有一只狐狸在路上闲逛，眼前突然出现一个很大的葡萄园，葡萄藤上果实累累，每颗葡萄看起来都很可口，让它垂涎三尺。

葡萄园的四周围着铁栏杆，狐狸想从栏杆的缝隙钻进园内，却因身体太胖而钻不过去。于是狐狸决定减肥，它在园外饿了三天三夜后，果然变苗条了，皇天不负有心人，它终于顺利地钻进了葡萄园内。

狐狸在园内很快乐，葡萄真是又甜又香。不知吃了多久，它终于心满意足了，但当它想溜出园外时，却发现自己又因吃得太胖而钻不出栏杆了，于是只好又在园内饿了三天三夜，瘦得和原来一样时，才顺利地钻出园外。

回到外面世界的狐狸看着园内的葡萄不禁感叹：空着肚子进去，又空着肚子出来，真是白忙一场啊！

这是一个只在乎过程而不注重结果的故事。

许多事情要经历之后才能知道是对是错，在无数的对与错中，人们才能成长。

寓言中的狐狸并不是白忙一场，因为它在园中吃到了甜美的葡萄，在这个过程中，它是快乐的。毕竟这只狐狸尝到了葡萄的滋味，总比站在葡萄园外吃不到葡萄说葡萄酸的要好。

海马的焦虑：在乎结果而不注重过程的故事

小海马有一天做了一个梦，梦见自己拥有了七座金山。

从美梦中醒来，小海马觉得这个梦是上天给它的一个神秘启示：它现在全部的财富是七个金币，但总有一天，这七个金币会变成七座金山。

于是它毅然地离开了自己的家，带着仅有的七个金币，去寻找梦中的七座金山，虽然它并不知道七座金山到底在哪里。

海马在大海里艰难地游动，心里一直在想：也许那七座金山会突然出现在眼前。

然而金山并没有出现，出现在它眼前的是一条鳗鱼。鳗鱼问："海马兄弟，看你匆匆忙忙的，你干什么去？"海马骄傲地说："去寻找属于我自己的七座金山。只是……我游得太慢了。""那你真是太幸运了。对于如何提高你的速度，我恰好有一套完整的解决方案。"鳗鱼说，"只要你给我四个金币，我就给你一个鳍，有了这个鳍，你游起来就会快得多。"海马戴上了用四个金币换来的鳍，发现自己游动的速度果然提高了一倍。海马欢快地游着，心里想：也许金山马上就出现在眼前了。

然而金山并没有出现，出现在海马眼前的，是一只水母。水母问：“小海马，看你急匆匆的样子，想要到哪里去？”海马骄傲地说：“我去寻找属于我自己的七座金山。只是……我游得太慢了。”“那你真是太幸运了。对于如何提高你的速度，我有一套完整的解决方案。”水母说，“你看，这是一个喷气式快速滑行艇，你只要给我三个金币，我就把它给你。有了它，你就可以在大海上飞快地前行，想到哪里就能到哪里。”海马用剩下的三个金币买下这个小艇，这个神奇的小艇使它的速度一下提高了五倍。它想：用不了多久，金山就会马上出现在眼前了。

然而金山还是没有出现，出现在海马眼前的是一条大鲨鱼。大鲨鱼说：“你太幸运了。对于如何提高你的速度，我恰好有一套彻底的解决方案。我本身就是一条在大海里飞快行驶的大船，你要搭乘我这艘大船，你就会节省大量的时间。”大鲨鱼说完，就张开了大嘴。

“那太好了。谢谢你，鲨鱼先生！”小海马一边说，一边钻进了鲨鱼的口里，向鲨鱼的肚子深处欢快地游去……

在一个崇拜速度、追求结果的时代，有不少管理者把诸多的管理问题归结为速度的问题，又把速度问题简化为提速的问题。他们像那条海马一样，对“慢”的焦虑成为他们的基本焦虑——“我去寻找属于我自己的七座金山。只是……我游得太慢了。”于是，他们用金钱来购买速度，追求结果而忽视公司的日常管理以及企业文化的强化与积淀。

其实，在只有强烈的发财愿望而毫无指导思想、企业的经营尚处于“漫游状态”时，快或慢是没有区别的。因为此时我们找不到一个参照系来判定多快才算快，多慢才算慢。

正像我们在海马的故事中所看到的，一味追求速度的发展模式最终可能使企业耗尽资源，快速地走向灭亡。

混乱的战略、模糊的目标，极可能使企业陷入一种可怕的“商业浪漫主义”之中。作为商业浪漫主义的典型形态，漫游式经营注定了企业不能通向盈利之路，只能通向毁灭之路。

| 成功者与不成功者之间的差别 |

成功者有良好的做事习惯

习惯决定性格，性格决定命运。

成功者和不成功者之间最大的差别就在于成功者有良好的做事习惯，而这种习惯也是逐渐形成的。

◎ 案例

拿破仑

拿破仑的名言“不想当将军的士兵不是好士兵”为大家所熟知。

在拿破仑 11 岁读军校的时候，他和一个学长起了冲突，学长欺负他瘦小，把他打了一顿。下课的时候，拿破仑又去找这个学长，结果第二次被打。又一次下课，他又去找那个学长，这时的拿破仑两个眼圈都黑了，嘴角还带点血。见到学长，他一下子冲上去，准备打第三架。学长说："等等，你今天到底打算怎么样？"拿破仑只讲了一句话："除非你今天向我道歉，否则我准备打到死。"学长被他这种精神折服，最终向他道了歉。

正是凭借这种百折不挠的精神，拿破仑由一个中卫，成长为一个将军，最终当上法兰西第一帝国的皇帝。

人与人最大的差别就是思想和习惯上的差别。一个人从小就养成良好的习惯，必将帮助他在未来取得成功。很多主管习惯说："不要告诉我过程，我只要结果。"可是，下属缺乏必要的思想培养过程，又如何产生令主管满意的结果呢？

经理如果只想控制员工的工作成果而不试图去影响他们的思想，便会造成管理上的错误。每个人的工作习惯不同，行为方式也会不一样，所以，布朗指出："经理只有了解人性因素，并且能够对职员的心理了如指掌，生产力才会逐渐地得到提高。"

下属都希望有个有思想的上司

有许多人虽有思想，却不是自然形成的，而是来自模仿，这种思想就容易发生动摇。上司的思想一旦漂浮不定，下属的思想也会随之动摇，而无法安心工作。

有了企业的指导思想后，管理者就应确定工作目标，制定工作方针与计划，然后坚决贯彻到底。有些主管人员随意改变方针，朝令夕改，做事毫无准则可循，如此定会影响军心。正确的做法是：只要方针、决策正确无误，都要坚决贯彻到底。

有思想就是对工作须有自己的看法，无论你遭遇到什么挫折，都要以耐心、不服输的态度去克服它，下属才会对你信服。

贯彻思想并不是冒失地行动，而是要有弹性，要有判断力，要进行全盘的考虑，目的明确后一定要付诸行动，绝不能屈服于任何压力。

贯彻思想不可以模仿别人的领导技术，而要经过自己明智的判断来采取行动。员工只有在遇到这类上司时才会觉得工作有价值。

不能急于求成

一个园丁在冬天时买了一栋房子，房子周围有一个很大的园子，里面杂草丛生。邻居就问："你怎么不把杂草除去呢？"园丁回答说："过了冬天再说吧。"很快春天到了，花园里开出了很多美丽的花朵。于是园丁把杂草除去，把花留了下来，荒芜的园子变成了美丽的花园。其实管理也是这个道理，世界上没有放之四海而皆准的理论。任何理念、制度都必须适合企业的实际情况，不能形而上学，不能用头脑里固有的经验来处理新环境下的事物。

作为经理人，当他到一个企业任职时，前三个月不应大刀阔斧，而应用心观察，冷静思考，等时机成熟后再快刀斩乱麻。如果上任就点"三把火"，很有可能没烧着别人，却把自己烧得体无完肤。经理人应给员工一个自由成长的机会，如果能长成笔直的树，这个员工自然是可造之才；如果长成一棵歪脖子树，再对该员工采取措施也不迟。经理人必须对业务钻研清楚，对每个员工的能力和品行做到心中有数了，再果断调整队伍。

“用兵之道，以计为首”，企业的经营管理之道也要以经营发展战略为先。

中国人常说计谋，所谓谋，就是谋大局、谋大事、谋大势，即制定战略；所谓计，就是在各个不同的阶段运用好一些战术、一些策略，来推动某一个问题的解决。它们之间是一个有机的结合体，有谋无计是空谈，是空想主义；有计无谋，那是鲁莽的行为，必将左右摇摆，不可能实现理想和目标。

思想在启发，不在教条

凡是在两个人以上的地方，都涉及思想启发的问题。家庭需要思想启发，企业需要思想启发，政府也同样存在思想启发的问题。思想启发无时无处不在，研究企业的思想启发，特别是企业现代制度建设，必须要研究思想启发的科学化。

思想启发是一个系统工程，它要求思想启发者要不断地学习新知识、研究新问题。思想启发是科学加艺术，科学是定量的，而艺术是定性的。因此，思想启发必须定量与定性相结合，才能达到一定的境界。

思想如何建立？思想的建立在于启发而不是教条。

◎ **案例**

学生要有自己的创意

数学课本里的定理或公理，由中国人提出的很少，但是我们解题的水平却是世界一流。

中国学生的数学卷子交上去后，老师大多都是先看答案，答案对了，再去检查解题过程。

美国老师则对同学说："各位同学，明天考微积分，列出式子就可以了，不要去算，计算是计算机的事。"公共决策教授说："各位同学，明天考公共决策，注意啊，答案写的和老师的一模一样、和书上的一模一样的，零分。"他们希望学生要有自己的想法和创意。

企业里的思想启发也同样不能教条化，企业思想启发无模式，但不论用什么方法，都要有一个共同点——调动员工的积极性。

在思想启发上，行为心理学派的理论是较为成功的。比如泰勒制认为，一百米的路程应走几秒钟，步子有多大，频率有多少，都要进行规定。在某种程度上，泰勒制这种定量管理是正确的，但是过于死板。忽视了调动员工的积极性，以及与员工的亲情感。因此，在思想启发上，我们要根据行业、企业，以及员工的自身特点，来制定一些行之有效的措施。

公司内部的一些人往往对变革充满着恐惧和敌视，他们希望公司的管理机制最好一成不变，因为变革常常会触及自身既得利益。这种抵触力一旦凝聚在一起，其能量是巨大的。有效的管理者应该直面这种来自公司内部的阻力，打破束缚，具有强烈的对传统规则的“否定”意识，不迷信权威和教条，不满足现状，借助改革来打破旧有框架，大胆追求和尝试新的方案，在工作过程中充满创造激情。即使面对多变的市场，也要能通过变革来适应现状。

想法→再结冻（触动→行为→习惯）

组织发展及其管理问题一直是国内外管理学家、经济学家们研究的重要课题。早在20世纪80年代初，库尔特·勒温就从组织变革的角度提出了企业发展的三阶段循环论：“解冻→变革→冻结→再解冻……”他认为成功的变革要求对现状予以解冻，然后变革到一种新的状态，并对新的变革予以再次解冻……使企业的活力保持长久。库尔特·勒温的变革观是将变革看作是对平衡状态的一种打破。现状被破坏之后，就需要经过变革而建立起一种新的平衡状态。这项研究总结和归纳了现代企业发展中呈现出来的规律性和变化的模式，对指导组织的变革、预见企业发展的未来都有着积极的意义。

库尔特·勒温以“人与环境的心理学”来标示自己的动力心理学理论。他说：“一旦接触于人与环境的关系，我们的注意中心也就从客体转向了过程，从状态转向了状态的变化。”一般来说，库尔特·勒温在阐述他的心理动力时，总是要涉及这一动力的过程。他认为，在任何心理过程中，内在的力与外在的力都会由这一过程本身来改变，动力的意义便体现于过程之中。

库尔特·勒温的心理学以研究“朝向目标的行为”而著称，而朝向目标便包含着一种过程性，心理紧张系统体现在“解冻→变革→冻结→再解冻”的过程之中。库尔特·勒温把平衡看作是一个动力概念，把紧张系统看作是一种“准稳定平衡的过程”，并以此为基础论述了社会变化的三个步骤，打破原有的平衡，趋向新的目标，并在新的水平上重获平衡。库尔特·勒温的动力理论不但遵循了稳态论的基本模式，而且表现出强调整体结构和系统等有机论的特点。

将习惯“再结冻”

◎ 案例

再结冻

要想把一个方的冰块变成一个圆的冰球，该如何去做？

先把方的冰块从冰箱拿出来解冻，再把解冻后的水装在一个圆的容器里，最后放进冰箱使之再结冻。如果解冻后就忘记了，出去看电影了，回来之后看到的还是一摊水，如果这时我们再将其放入冰箱进行结冻，最终结果也可以实现。

这个再结冻的例子可以形象地说明我们改变习惯的过程（见图3-1），首先要有所触动，再着手行动，持之以恒最终便可以达到目的。

图3-1　人类改变习惯的过程

思想教育有助于习惯的形成

思想教育往往能够防患于未然，及时避免不良后果出现。

◎ 案例

新加坡的公共秩序

新加坡的公共秩序良好，得益于政府不懈的管理。

公共厕所的环境一定程度上反映了一个城市的市政管理和成员素质，新加坡每一间公厕都有专职管理人员，对于不冲厕所、踩马桶、乱丢东西等一切违反公共道德的行为都坚决予以制止，要求当事人改正，并提醒他们下次注意。

新加坡的地下通道里一般也有监管员，来往的人自觉分为左右两队通行，从而实现人员有序流动。监管人员一般站在通道中间，身穿红色制服，提醒来往群众遵守规则。

新加坡正是通过加强思想教育、加大监管力度，才逐步使人们养成了遵守公共秩序的好习惯。

思想决定命运

> 请小心你的思想，它会影响你的行为；
> 请小心你的行为，它会影响你的习惯；
> 请小心你的习惯，它会影响你的性格；
> 请小心你的性格，它会改变你的命运。

还是那句话，请不要告诉下属：“别告诉我过程，我只想知道结果。”因为如果没有进行思想培养，下属必然难以达到你所希望的结果。

◎ 案例

松下：传统方式造就接班人

早晨 5：45，一群学生模样的人已经开始晨操，这里像纪律严格的军事学院，学员们穿着整齐、训练有素，他们是松下销售管理培训学院的学员。作为松下特许经营点未来的接班人，他们要在这里参加一年的培训，其中一半的学员刚刚高中毕业。

凡事都需要打好基础，对思想的培养往往优于产生不良后果时的说教。思想源于对基本行为的塑造，有什么样的思想，就有什么样的行动，不断重复行动，就会养成一种习惯，培养员工的思想使之变成习惯，才能最终改变他们的命运。

重视思想：不是把工作做对，而是找对的工作来做

美国著名的管理学家彼得·德鲁克认为：重要的不是把工作做对，而是找对的工作来做。要实现这一点，就必须对企业现有的组织结构进行一次革命。组织的再造因企业而异，没有固定的模式。企业组织再造表面上是进行组织的重建，实质是在构建一种新的价值体系。组织结构合理的企业是员工实现社会价值的场所，是员工实现梦想的精神家园，是员工人生价值和社会责任感的归宿。

任何企业都不是天生就处于“鼎盛期”，企业必须重视思想、目标、管理和创业精神。当企业只重视结果而忽视思想，就标志着企业出现了异常问题。如果迟迟不能培养出这种思想，那么这种缺失很可能会危及企业的生存。

从理论上讲，每个企业都有存在的理由，即满足顾客的要求。如果企业不去关注顾客的需要，毫无服务顾客的功能，那么它的存在只

是在吞噬资源。如果企业肩负起“目标性”职能，那么它的存在就是富有成效的，因为它满足了服务对象的需求。评判一个企业是否富有成效的标准是：客户是否不断需要企业的服务，客户对企业品牌的忠诚度是否高。为了让企业发挥职能，企业必须从一开始就明确自己为谁而存在、服务对象是谁以及满足他们的哪种需求。任何企业都无法满足所有人的所有需求，因此，企业首先要区分出目标市场，然后再提供客户所需的服务，履行自己的承诺，并达到顾客要求的标准。关注企业未来的管理职能是指企业要确保企业行为在适当的时间、以适当的顺序和适当的程度，产生适当的结果。正确的管理使企业未雨绸缪，防止企业屡屡重蹈覆辙。而在企业重视结果的同时，更应重视思想，唯此才可以保证企业的作用和效率。

但是，怎样才能确保企业长期发展呢？

这就需要企业对未来进行预测，并具有持续的创造力与冒险精神。准确预见未来市场需求的变化，并对企业进行相应调整，这就是创业精神职能。这种职能就像是在进行规划，它并不是根据你对明天的期望和打算去确定明天要做的事，而是确定今天该做什么。创业精神职能使企业洞悉先机，以保证企业发挥长期的效力。

许多企业都有一位领导者身兼顾客服务、目标性和创业精神三种职能，他们重视思想的形成，具有出类拔萃的才干。这类经理人能制定注重顾客需求的决策，他们重视效率，使企业组织严密、效率极高。他们决不浪费任何资源，而且极富创业精神，能预见未来市场的新需要，并能够采取行动满足未来的需要。但是这类经理人一旦去世或离开企业，企业通常会遭遇严重困难，有时甚至会倒闭。因此，一个企业若想长期生存下去，就绝不能完全依赖其中的任何一个成员。

因此，企业要想获得长期发展，就必须拥有一个将企业以特殊方式联结起来的价值文化，这种价值文化的力量远非个人能力所能比拟。当企业具有了愿景、价值观念、哲学、礼仪、行为模式和信条，企业员工就不再是仅仅依靠各人的职责、部属关系连在一起，而是依靠一种相对稳固的企业文化连在一起。

本章小结

成功者和不成功者之间最大的差别就在于成功者有良好的做事习惯。

思想的建立在于启发而不是教条。

思想教育有助于习惯的形成。

请小心你的思想，它会影响你的行为；请小心你的行为，它会影响你的习惯；请小心你的习惯，它会影响你的性格；请小心你的性格，它会改变你的命运。

第四章

在公司的内部形成对立

谈到自己公司时，只有一个代名词

要解决问题的人 = 接电话或被询问的人

公司的团队战略

激活团队的情绪和气氛

在公司内部容易形成对立，或者形成派系。有时在我们不经意之间，这种意识就已经形成了，这也是经理人常犯的一种错误。

谈到自己公司时，只有一个代名词

“我们”公司

也许你在工作之中很喜欢讲“你们”“他们”，其实自己企业的代名词只有一个，那就是“我们”。因为企业是我们每个人的，是我们自己的企业。

◎ **案例**

“他们”是谁？

一位部门经理向总经理汇报工作，其中说到其他地区分公司、人力资源部、财务部的时候，前面都加了“他们”，“他们天津分公司”“他们人力资源部”“他们财务部”……这时候总经理问他：“他们是谁？”部门经理一时有些丈二和尚摸不着头脑了。“他们，他们，那你是谁，莫名其妙！”总经理生气地说道。部门经理听出了领导的意思，知道自己讲错话了，连声说：“对不起，总经理。”

其实总经理的话是有道理的，“他们，他们，那你是谁？”，难道你不是这个公司的一分子吗？作为一个管理者，可能你也会时常犯这个毛病。以后请注意，不要常常讲“你们”“他们”，而要讲“我们”。

常讲“你们、他们”的后遗症

常讲“你们、他们”会在企业中造成一种疏离感，久而久之会破坏企业团结。

公司里常常会听到各个部门之间相互攻击，“他们策划部除了纸上谈兵还会干什么？整天凭空想象一些东西让我们干，自己怎么不干干试试。”“哎呀，他们行政部就是后勤，发发手纸什么的，人员素质太差。”……如果一天到晚把其他部门当成对立者，将不利于部门间的协同合作，继而会影响整个公司的效率。公司就像一台机器，机器的正常运转需要每个零部件之间相互配合，缺一不可。

以团队的领导方式和工作方式为主流

◎ 案例

在美国坐车

有位朋友从美国出差回来，给我讲了一件他在出差期间遇到的事情，让我非常感动。

一次，我那位朋友在美国坐车，车到站时上来一个亚洲人，这个人上了车却站在门口发呆，美国司机用手指一指投币器，示意他投币，可他还在发呆。这时有人替他投了币，问道："你是中国人吗？"那个人马上就说："是的。"然后两个人坐在一起。"第一次到美国来吧？"帮他投币的人一边说着一边掏出一把钱来叫他拿着，并告诉他，这是美元，这是美分……那个人连声说着不好意思。"拿着，拿着，不用客气。"帮忙的那个人又问他到哪里去，还送给他一张名片，并告诉他如有需要可以给自己打电话。在异国他乡，两位陌生人，就像老友一样热络。

这个故事给我们一种温暖的感觉，这种感觉来源于民族团结。

对企业来说，团结有助于提升企业的工作效率，形成良好的企业文化。企业内部的团结就是我们常说的凝聚力和团队精神，这是一种能够推动企业发展的巨大力量。

企业应该对员工进行"以人为本"的团队管理。团队管理有如下优势：有利于发挥员工工作的主动性和创造性，有利于提高企业人力资源的使用效率，有利于提升企业管理者的综合管理素质，有利于提高企业团队运作的效率，有利于全面提高员工的凝聚力，有利于增强企业的活力。

英国《经济学家》杂志曾对全球180位企业领军人物进行了调查，其中65%的人认为21世纪的企业将以团队式的领导为主流。事实的确如此，现今大多数大中型企业和几乎所有的社会公共机构都是由小型管理团队管理的。

企业家的团队精神主要表现在：一是在企业内部培养团队精神，明确团队的目标和团队的共同愿景，强化团队的凝聚力，培养合作观念，要带头合作而不是热衷于竞争；二是改变工作方式，团队领导担任的往往是教练或后盾的角色，对团队提供指导或支持，为团队成员提供创造业绩的机会。

工作需要“软技巧”

管理者们可能常常会思考诸如这样的问题：如何让研发小组成员保持一种高效的合作来提高开发的进度，怎样建立一支行为有序、工作规范的员工队伍，如何在客户心中建立起充满专业精神的公司形象……这些问题归根结底就是如何建立起一个非常职业化的工作团队。从接打电话、举办会议、拜访客户到同事、上下级之间的沟通等，无一不折射出公司员工的职业技能，诸如此类的技能是员工必须具有的，我们称之为员工的“Soft Skills”，意为“软技巧”，也就是有别于员工专业知识、技术等“硬技能”的因素。

可以这样说，公司就是融合而成的团队，管理者应把每个员工塑造成为团队的一个成员，不管他的个性多么张扬或独立。例如在微软，虽然他们的员工就像一个个的黑客，但团队工作却是他们成功与不断创新的源泉。企业的创新也必须建立在团队工作的基础上，软技巧就是员工融入团队中有效工作需要掌握的技巧与艺术。许多国际知名的公司都非常重视这一点，并通过培训来“修炼”员工，在丰富员工的专业知识与提高员工业务技能的同时，更注重规范员工的工作行为和商务礼仪，提高员工的沟通技巧，提高员工的合作能力及人际交往技能等，以增强公司的凝聚力。

从经济学的角度来讲，公司的知识资本包括人力资本与结构资本。培训员工的知识与技能提高了员工的人力资本，人力资本提高后必然会提高员工对工作的期望与要求，因而跳槽的可能性也增大了，这种风险正是许多公司对员工培训少或不培训的经济学原因。而软技巧提升的主要是结构资本，是基于自己组织的，具有一定的专有性。也就是说，这种资本对本公司是有用的，但对别的公司可能价值不大甚至是有副作用。为什么西方公司都强调自己的管理模式、公司文化与员工规范，并强化软技巧的培训，其秘密就在于此。

所以，对于国内的公司而言，管理者不仅要通过培训提高公司的人力资本，还要提高结构资本。同时要明确，培训员工的软技巧是建立一个高效、诚信与创新的工作团队不可或缺的武器。

| 要解决问题的人=接电话或被询问的人 |

有的时候，从一个人接电话的态度上就可以判断他是否具有团队意识。

因为接电话或被询问的人就是要解决问题的人。员工在接电话、被询问的时候，要注意自己的讲话方式，避免经常说“你们、他们”。

为用户解决问题

◎ **案例**

接电话的艺术

德国贝尔上海公司对员工的培训也包括“接电话的方式”这一项，因为他们发现很多新员工接电话的方式很直接，习惯于简单地回答客户的问题。曾经有用户打电话询问是否有S3104的材料，咨询的结果只有两个字“没有”。而有接电话艺术的人的回话永远不是只有一句，尤其是时间、地点、数量都量化得非常精确。“对不起，

S3104 的材料昨天刚好用完，现在还有两个替代品，S3101 跟 S3102 可以吗？”“不行，我只需要 3104。”“噢，这样呀？那么最近的库存在南京还有 3500 个，如果调拨大概下周二可以拿到。”“我很着急，这个礼拜能不能拿到？”“那这样，我们紧急调拨 1500 个，这周六早上先让你拿到，必要的时候我们看看能不能在周五下班前让你拿到，你看怎么样？”听到这样的回答，相信对方一定会很高兴。

接电话的三个毛病

接电话时请注意你的回答方式，避免这样的回答：

“不在”；

“不知道”；

“这不归我管”。

◆“不在”

有时候我们习惯于用一句话来回答对方的问题，比如一个电话打来：“请问，吴美丽小姐在吗？”“不在。”听到这样的回答，相信你一定会有很不舒服的感觉，感到对方一句话将人拒之于千里之外。

◆“不知道”

很多人都喜欢说“不知道”，如果你打电话给某公司，得到这样的回答，说明这个公司的员工素质还没有到位，你完全可以教育他一下：“请问你是不是某某公司的员工啊？”“是啊。”“哎哟，我以为你不是呢。”就把电话放下。

某酒店在客人的桌上都摆了一个小牌子，上面写着“l never say l don’t know”，就是“永远不说我不知道”，牌子底下是总经理签名。这个小牌儿起到了对员工的约束作用，提高了酒店的服务质量。

◆“这不归我管”

◎ **案例**

对客户负责

王先生和刘小姐在同一个办公室办公，接电话的是刘小姐。“哦，您找王先生啊，他那个事情不归我管。”如果这样说就会使人很反感。

如果刘小姐这样回答：“哦，你找王先生啊，他现在刚好不在，但是我和他是同一个部门的，他的工作我多少知道点儿，你说说，看我帮不帮得上忙。”结果对方一讲，刘小姐真的不知道，“哎呀，这件事情我真的不晓得，对不起，王先生马上回来，我会告诉他，你留下你的电话，我会叫他打给你。”这样的回答可以给她 80 分。没多久老王回来了，刘小姐跟他说：“老王，你刚才不在，一个客户打电话过来，电话留在你桌上，赶快回给人家。”我们可以给她 85 分。结果老王一直东忙西忙忘了回电话，刘小姐会说：“老王啊，快点，已经过了 15 分钟了，你还没有打给人家。”我们给她打 90 分。结果老王就是没打，刘小姐自己拨了电话：“喂，蔡总吗？你等一下，王先生回来了，他和你说话。”95 分。结果老王居然说：“你告诉他我不在。”“老王快点，对方在等，不要说你不在。”100 分。

要避免以上三种错误的接电话方式，首先要从思想入手，要培养团队意识，增强集体荣誉感。除此以外，我们还可以在流程上约束自己，做到妥善处理每一通来电（见表 4-1）。

表 4-1　客户电话记录表

姓名：________ 日期：________ 部门：________ 职务：________		
电话记录		
时　间	内　容	是否解决

使用说明：

目的：客户就是上帝，检查员工接电话的情况，切实贯彻“接电话的人或被询问的人就是要解决问题的人”的观念。

填写：记录一天之内处理客户问题的情况，填写时间、简要内容和问题解决情况。

礼貌地问候

很多人喜欢看日本和韩国的电视连续剧，在看电视的同时，你是否注意到了其中一些值得学习的地方？比如回家的一声招呼："我回来了！"朋友之间见面稍微鞠一个躬。

除了和熟悉的人之间要注意礼节之外，和陌生人交往也要注意礼貌地问候，因为起码的礼貌会给人以亲切感，会拉近两人之间的距离，也许就会使两人由陌生人变成朋友。

◎ **案例**

美国小姑娘

我在美国一家酒店的餐厅吃早餐，当时餐厅里只有我和另外一个小女孩。那个小女孩大概只有7岁，她也许在等爸爸妈妈。我一过去，她就举起了手说："hi！"我也马上微笑着说："Morning！"这么两句简短的问候拉近了我们之间的距离。

外国人比较热情而中国人比较含蓄，我们也许不会主动热情地和陌生人打招呼，但是如果你面对你的合作伙伴、你的客户，还有一些需要帮助的人，还是要热情一些，主动和对方打个招呼，比如"你好"或是"有什么需要帮忙的？"。也许只是一个简单的问候，却会在彼此之间搭建起一座沟通的桥梁。

公司的团队战略

学习型组织理论认为，组织成员须拥有一个共同的愿景，共同愿景来源于员工个人的愿景而又高于个人的愿景，它是组织中所有员工的共同理想。它能使不同个性的人凝聚在一起，朝着共同的目标前进。

在学习型组织中，团队是最基本的学习单位，由多个创造性个体组成。团队本身应理解为彼此需要他人配合的一群人。组织的所有目标都是直接或间接地通过团队的努力来达到的。

在《团队的智能》一书中，琼·R.卡扎巴赫、道格拉斯·K.史密斯力图找到决定团队差异化的因素，研究在什么地方、通过什么方式，团队才能工作得最为出色，而高级管理层又应该怎样提高团队的效率。诚如书中所述：我们发现在团队工作的背后存在一个基本规律，同时发现团队和良好的业绩表现是不可分割的，不能孤立地只取其一。

团队工作的本质特征

大多数企业高层都提倡团队工作，团队工作代表了一系列鼓励倾听、积极响应他人观点、对他人提供支持并尊重他人兴趣和成就的价值观念。这些价值观念能帮助团队发挥功效，同时提高个人以及组织的业务表现。团队并不是指任何在一起工作的集团，如委员会、理事会以及行动小组，二者的区别在于工作成果。因此，可以这样定义团队：团队是一些才能互补并为负有共同责任的统一目标和标准而奉献的少数人员的集合。

团队的核心是共同奉献，没有这一点，团队只是松散的个人集合。这种共同奉献需要一个成员们能够信服的目标，不论是“将供货商的功能转变为对消费者的优质服务”“让我们能够为公司感到骄傲”，还是“证明所有孩子都一样聪明”，可信的目标都是与成功及保持领先密不可分的。

成功的团队能够将他们的共同目标体现为具体的工作要求，比如将销售商的退货率减少 50%，或是将毕业班的数学成绩由 60 分提高到 95 分。事实上，如果一个团队不能确定具体工作目标，或是其具体工作目标与整体目标毫无联系，那么团队成员会因此变得困惑、涣散、表现平庸。其原因有以下 3 点：

一是具体的团队业绩目标能够以一种不同于企业整体任务和个人工作目标的方式来定义工作产出。简单地例行公事般的集会决策不可能长久维持团队的优秀业绩。

二是具体的团队业绩目标能够增进团队内部有效的沟通和建设性

的碰撞。

三是具体目标的可行性能帮助团队集中精力取得成果。

当一小群人决定将某项产品的成本降低10%或是将某项产品销售率提高到20%时，他们的头衔、工资以及其他个人利益已经不再重要。在那些成功的团队中，每个成员关注的是如何为集体目标贡献最大力量，而不是各人的地位和利益。

团队的类型

团队的操作规律对于团队的成功是至关重要的。团队一般可分为三类：提供咨询意见的团队、生产和经营的团队以及负责管理的团队。每类团队在实际操作中都面临不同类型的挑战。

提供咨询意见的团队包括特别行动小组、项目集团、审计、质量以及安全监督团。它们的任务是研究并解决特定的问题。

生产和经营的团队成员包括那些身处一线、负责基本生产、开发、操作、市场、销售、服务以及其他企业行为的人员。

在决定此类团队如何发挥最大功效时，高级管理层应该集中精力于所谓的"企业关键点"，也就是最直接决定企业产品和服务成本与价值的那些地方，如财务管理、顾客服务、产品设计以及生产效率。如果"企业关键点"依赖于多种技巧以及判断能力的实时结合，那么充分发挥团队作用将是最佳选择。

虽然许多企业领导将那些向自己汇报工作的团队称为负责管理的团队，然而这些汇报者很少将自己作为团队看待，因为他们常常埋头于自己的工作。这样的团队可以在企业的任何职能部门中出现，只要他们管理着某项业务、工程或者职能，他们都是负责管理的团队。

团队的技能要求

成功的团队规模并不大，一般在 2 ~ 25 人之间。规模超过 50 人从理论上讲也可以组成团队，但是这种规模的团队更容易分裂为若干较小的集团，而不是作为一个单一体发挥功效。

除了选择最佳的规模之外，团队必须寻找最佳的特长组合，也就是说，为了工作的需要而选择技能互补的成员。团队的技能要求一般可分为 3 类：

◆ 技术和专业知识

让一群医生在法庭上处理一个有关雇用歧视问题的案件显然是毫无意义的，但是由医生和律师组成的团队往往可以一起处理医疗事故和人身伤害的案件。

◆ 解决问题和制定决策的技巧

团队必须能够发现潜在的问题和机遇，斟酌各种选择方案，并且在权衡利弊之后决定最终的方案。

◆ 人际关系技巧

如果缺乏有效的交流沟通和建设性的意见碰撞，那么共同目标的实现和相互理解便是一句空话。

团队如何有效工作

高效的团队都会为了实现共同目标而进行分工合作。在那些成功的团队中，每个成员都承担着同等数量的工作，所有的成员，包括团队领导在内，都要以自己的方式为团队的目标贡献力量。这是推动团队取得业绩的一个非常重要的因素。

除非能够作为一个集体承担责任，否则任何集团都不能算作真正的团队。集体责任是对成员集体的考验，比如，考虑一下“老板让我负责”与“我们自己负责”之间的细微差别，前者可以过渡到后者，但是没有后者则没有团队。

当面对需要集体努力的挑战时，一些大公司都拥有一种根深蒂固的职业道德，使团队能够很好地凝聚在一起。在这些公司中，共同责任的概念已经成为一种常识，“同舟共济”是他们共有的工作方式。

当人们为了共同目标在一起工作时，信任和承诺会随之而来。因此，拥有强烈集体使命感的团队必将为了团队的业绩而共同承担责任。这种集体责任感同样可以获得丰厚的集体成果作为回报。

从另一方面看，单纯为了改进工作、进行交流、提高组织效率或者获取成功而组建的集团很难成为高效率的团队。只有设定了适当的目标以及实现目标的方式，同时使各成员可以接受并一起承担责任，才能成为高效的团队。

团队的生命力

我们相信，在高效率、高产出的企业中，团队将成为主要的工作单位。但是这并不意味着团队将取代个人努力或是正规的企业层级结构和体制。相反，团队将加强现有的企业结构，在层级结构限制了功效发挥的地方，团队都会为企业提供机遇。因此，新产品的革新需要在保留企业结构功能精华的同时，通过团队方式去其糟粕。同样，通过自我管理的团队能在保留层级结构的管理和指导的同时，灵活自如地实现生产能力的提高。

每个公司都面临着具体的挑战，对此，在高级管理层的眼中，团队是一种最实际、最强大的载体。因此，高级管理层最重要的职责是关注企业的业绩表现，并寻找、开发能够实现公司目标的团队形式。这意味着他们必须发现团队的潜在独特优势，在团队成为最佳工具的情况下能够运用团队战略，从而促进团队的运作。这样，企业的高级管理层就能够创造一种理想环境，使团队、员工以及企业都能够取得成绩。

激活团队的情绪和气氛

经理人不能靠命令或者哥们儿义气让员工工作。相反，依靠一套微妙的管理技巧是推动员工积极工作的最佳方法之一。

激发员工身上的“E”元素

“E”元素是所有那些激发精力（Energy）、兴奋（Excitement）、热情（Enthusiasm）、努力（Effort）、活力（Effervescence），甚至是开支（Expenditure）的因素。我们把未能将“E”元素注入工作与生活的情况看成是缺乏激情。

在过去的几年里，有很多调查都询问过人们最想从工作中获得什么，换句话说，就是什么最能激发他们身上的“E”元素。不论被问的人年龄多大、处在什么地位上，答案都是基本一致的。典型的答案如下：

个人自由；

同事的尊重；

学习新的知识；

挑战；

完成某个项目；

帮助别人。

在这里，金钱被排在第24位，这表明了工作的目的除了钱以外还有别的。了解了这一点，我们就会知道如何激发员工身上的“E”元素了。

学者们会为从不付费的杂志撰写文章而自己却一无所获吗？博士们会满世界赶场为各类会议演讲而自己却一无所求吗？绝对不会。他们这样做是为了提高自己的知名度，提升他们在同事中的地位，甚至可能是为了满足一种心理的需求。获得金钱并不是必需的，因为钱并不能买到他们想要的东西——成就感。

◎ 案例

香蕉的故事

IBM公司创始人托马斯·约翰·沃森总是及时认可每个成绩。

例如，给获得优秀业绩的员工或者贡献出新思想的员工当场奖励500美元。有一天，一个年轻人走进他的办公室，告诉他一个了不起的成绩。高兴之余，沃森遍寻衣袋和抽屉，希望能找到什么马上作为奖品，结果他只找到一根香蕉，他就把这根香蕉给了小伙子，年轻人恭敬地接受了奖品。从那时起，香蕉在IBM公司就成了成绩的象征。

我们每个人心底都有一份清单，上面罗列着我们希望从生活中获得的东西。我们当然需要生活必需品、食物、住所和舒适感，但我们也需要出人头地的机会。我们还需要友谊和他人的尊重以及做有价值的事情的机会，但更重要的是，我们需要做真实的自己，去发现自身的潜能。如果任务与清单所列的内容越接近，人们的“E”元素就越多。

空间问题

每个群体都需要空间，但是如果那些空间保护得过于严密，这个群体就会变成一个小岛，孤立于组织中其他群体之外。企业管理也是如此，为某个群体提供物理空间或俱乐部办公室是有好处的，但同时也必须鼓励他人进入他们的俱乐部空间。

空间通常被我们认为是一种想当然的东西，因此极少去注意它。一个组织的首要问题是什么，十有八九的回答是“沟通”。大部分情况下，不畅的沟通就是某种空间问题或冲突的一个征兆。

团队和领导

没有一个人会把 11 个木球手放到一个排球队里，或者试图让 11 个拳击手组建一个足球队。道理似乎很明显，然而一些组织仍然容易患上这种所谓的阿波罗综合征——他们认为一个由优秀的人组成的团队一定能战无不胜。事实并非如此，一个团队必须拥有完成任务所需要的不同技巧，还需要一群性格不同、喜好不同的人。

英国研究学者梅雷迪斯·贝尔宾有一个广泛为人接受的清单，其中列举了一个优秀团队所必须拥有的 9 种人才：

智多星：充满原创思想、创造力强，会为团队的发展和完善出谋划策，但也有因想法激进，而忽略具体实施的可能性。

外交家：热情、行动力强、善于和人打交道。不过，如果没有他人的持续激励，他们的热情可能会很快消退。

审议员：态度严肃、谨慎理智，凡事喜欢三思而后行。这也导致他们得出结论的时间往往要比其他人更长。

协调者：成熟、自信、值得信赖。他们能够凝聚起团队的力量，促使团队成员为了共同的目标而努力。

鞭策者：充满干劲、渴望成功。他们非常有进取心，勇于挑战他人，即使在行动中遇到困难，也会积极寻找解决办法。但是鞭策者的人际关系一般不是很好。

凝聚者：他们性格温和，擅长人际交往，通常是团队中的最佳倾听者。但在面对危机时，他们往往优柔寡断。

执行者：执行者是实用主义者，他们喜欢有条理、系统化地解决问题。但某些情况下，他们会因为缺乏主动而显得死板。

完成者：完成者往往有坚持不懈的毅力，并且注重细节，他们很少去做他们认为完成不了的任何事，也不喜欢委派他人，而是更倾向于自己来完成所有的任务。

专业师：他们会专注于对专业知识的不断研究和探索。但也会因为将绝大多数注意力集中在自己的专业领域，而忽视了对其他领域的涉猎。

团队是由个体聚集在一起组成的一个集合，在执行任务或者解决问题时需要用到每个成员的才能。团队赢了，则团队中的每个人都赢；团队输了，则每个人都输。团队成员要有与集体共存亡的目的感和忠诚感。

任何团队都有一个从出生、成长到成熟的过程。你可以看着他们形成，创造出自己的形象标志，找到每个成员的定位和所能担当的职责。对很多团队来说，青春期之后，是动荡的时期，团队成员开始挑战最初的组织形式。动荡之后是规范期，这个时期团队开始在新的工作方式中稳定下来，团队中的每个人都开始做出他们的贡献。最后，团队走向真正的成熟，并开始担当重任。

团队的形成、动荡、规范和成熟是任何一个团队生命中必经的阶段。忽略它们常常会导致“青春期”延迟，这时团队开始走向瓦解，使团队成长的整个过程不得不重新开始。

一个好的团队让人兴奋、富于刺激、充满支持和激励；一个糟糕的团队则充满疏离和猜忌。好的团队不是偶然诞生的，它需要一个过程。如果我们理解了这些，就可以塑造一个好的团队。

本章小结

本章讲述了在公司的内部形成对立的危害，还提示我们谈话中常见的一些错误，比如常讲“你们、他们”，这样会造成一种疏离感，久而久之会破坏团结。

接电话时请注意你的回答方式，避免这样的回答：“不在”，“不知道”，“这不归我管”。这三种回答会令人产生反感。接电话和被问话的人就是要解决问题的人，应努力给对方一个满意的答复。

第五章

一视同仁的管理方式

一把钥匙开一把锁

X-Y-Z 理论与 F.E. 费德勒的权变观点

我们常常说要一视同仁，也就是对人不分厚薄，平等地对待，但是在管理之中一视同仁的管理方式并不可取。

一把钥匙开一把锁

孔子提出“因材施教”，因为每个个体都是不同的。对下属的管理方法也需灵活多样、因人而异。

一个人的性格会受到很多因素的影响，了解一个人需要从多方面进行考察。

出生地

出生和成长的地理环境往往会对一个人产生很大的影响。

比如人们常说江浙一带人杰地灵，在明朝和清朝的进士名录里江浙人非常多。一方水土养一方人，江南的细雨成就了南方人的细腻；

北方的雪花造就了北方人的直爽坦诚；西北的戈壁带给了西北人粗犷豪放。

在沿海地区生活的人和在内地生活的人不同，在草原生活的人和在山区生活的人也不同，地理环境的差异的确会影响当地人的性格。

家庭环境

民间有一句俗话："龙生龙凤生凤，老鼠儿子会打洞。"这在一定程度上也说明了遗传因素和家庭环境对一个人的影响是巨大的。

我们常常听说音乐世家、体育世家，或者是一家人都是当老师的，父子都是科学家的……遗传因素加上整日的耳濡目染，使一个人的性格往往烙上家庭的印迹。

看一个人的家庭情况，就会对一个人多一些了解。

学校教育

学校教育对一个人性格的形成，也起到了至关重要的作用。在学校这个小社会里，校园文化、老师的教导、同学的相处，都在潜移默化中影响着性格的养成。

下属的出生地、家庭背景、受过的教育等，都能够帮助你分析他们各自的特点，从而做到在管理时因人而异、更加有效（见表5-3）。

表 5-3 员工登记表

<table>
<tr><td colspan="2">姓名：</td><td colspan="2">性别：</td><td rowspan="4">照片</td></tr>
<tr><td colspan="2">部门：</td><td colspan="2">职务：</td></tr>
<tr><td colspan="2">出生年月日：</td><td colspan="2">血型：</td></tr>
<tr><td colspan="2">出生地：</td><td colspan="2">政治面貌：</td></tr>
<tr><td colspan="5">家庭状况</td></tr>
<tr><td>姓名</td><td>与本人关系</td><td>政治面貌</td><td>工作单位</td><td>联系电话</td></tr>
<tr><td></td><td></td><td></td><td></td><td></td></tr>
<tr><td></td><td></td><td></td><td></td><td></td></tr>
<tr><td></td><td></td><td></td><td></td><td></td></tr>
<tr><td></td><td></td><td></td><td></td><td></td></tr>
<tr><td></td><td></td><td></td><td></td><td></td></tr>
<tr><td></td><td></td><td></td><td></td><td></td></tr>
<tr><td colspan="5">学习、工作经历：</td></tr>
<tr><td colspan="5">有何优缺点：</td></tr>
<tr><td colspan="5">自我评价：</td></tr>
</table>

使用说明：

目的：详细了解各个员工的各方面情况，有助于主管切实做到“一把钥匙开一把锁”。

填写：每个员工根据自身情况填写。

X—Y—Z理论与F.E.费德勒的权变观点

美国通用电气公司从最高层领导到各级主管部门，都会对员工敞开大门，欢迎员工随时进入他们的办公室反映情况。公司从上到下无尊卑之分，互相尊重、彼此信赖，关系非常融洽，像一个和睦奋进的大家庭。通过这种感情沟通式的管理，通用电气公司以惊人的速度发展着。

国内外众多的名企无不视沟通为管理的真谛。企业要实现高效率和充满生机活力，就必须做到下情能为上知，上意能迅速准确地下达，部门之间互通信息、互知甘苦。同时，要打破等级制度，充分强调家庭般的和谐温暖。这就需要沟通，需要高速、有效地沟通。良好的沟通能让员工感受到企业对自己的尊重和信任，因而产生极大的责任感、认同感和归属感，促使员工以强烈的事业心报效企业。此外，沟通还能化解矛盾、澄清疑虑、消除误会。

人的因素是企业能否成功的关键。企业管理说到底就是做人的工作，其中观念整合是先导，所有的管理问题归根结底都是沟通问题，管理者最重要的任务就在于培养起与员工之间健康的关系，这一认识无论是在理论上还是在实践上都得到了印证。X 理论认为人是经济人，企业的效率来源于严格的管理，严格是对员工最大的爱护，必须强化对员工绩效的严格考核。Y 理论则认为人是社会人，激励是对员工的最好奖赏。而 Z 理论则超越了 X、Y 理论，认为人是文化人，管理之道在于以情度理，特别强调企业内部的沟通。靠沟通式管理制胜的企业都是实践 Z 理论的成功典范。

孙子云："上下同欲，士可为之死，为之生。"沟通创造和谐，以沟通管理企业，将有助于大大提升员工士气。

X—Y—Z 理论与 F. E. 费德勒的权变观点在管理学课本上经常见到，一听到这个名词不少人就感觉到这是国外的理论，其实我们的祖先早就有过相关的思想，只是我们没有将其提炼罢了。

中国权变理论的应用

在中国，权变管理思想早在孔子、孙子和吴起等人的学说中就已经提出了，特别是孔子、孙子的权变管理思想，在世界各国产生了重大影响。

◆ 权变理论概述

权变就是管理者应该因人制宜、因时制宜、因地制宜，灵活而不固守，多变而不单一，既能权衡轻重，又能随机应变地运用管理方法。也就是说，管理者应依据环境的自变数与管理方法的因变数之间的函数关系来确定一种最有效的管理方式。权变理论的含义包括以下 3 方面内容：

1. 审时度势

即审察时机，忖度形势。因为事有常变，理有穷通，人各有志，“兵无常势，水无常形”。要善于分析竞争对手的优劣，了解市场规律、员工价值取向和消费者的需求趋向，明确内部与外部的条件，权衡其利弊得失，确定最佳管理方式。

2. 因人、因时、因地而异

不因人、因时、因地而异是我们常说的“一刀切”。“一刀切”是抽象化的思维方式，与权变理论是格格不入的。“一刀切”的思维方式不能也不愿具体问题具体分析，满足于规定的程式和标签，至于员工的个性差异、市场的需求变化等对管理者来说都是一个未知数，从而导致管理者不知变通，按教条处事。高明的管理者应因人、因时、因地进行权变管理。

3. 合理化

权变管理的目的绝不是华而不实、哗众取宠，而是通过对不同管理对象的了解而采用不同的管理方法。

◆ 权变理论的态势

充分调动员工的积极性，在企业发展中形成一种积极态势是十分重要的。企业发展态势的决定因素可表述为态势 =f（人、环境、灵活度、质量、新奇）。可见，态势是人、环境、灵活度、质量、新奇这五种因素的函数。一个企业要处于积极的态势，就应提高人的素质、创造良好的环境、建立起因时因地制宜的灵活度、生产质量信得过且新颖独特的产品。具体内容如下：

1. 人的因素

中国古代兵法家孙膑提出“间于天地之间，莫贵于人”的论断，其着眼点就在于训练精兵强将，提高部队的战斗力。作为一个企业，员工以及主管素质的高低往往也是十分重要的。孙膑对将帅的要求是“得主专制”（有指挥作战的全权）、“知道”（懂得作战规律）、“得众”（取得士兵的信赖）、“左右和”（将帅团结）、“量敌计险”（善于因敌制胜），这样才能统兵打胜仗；而对士兵的要求则是“篡贤取良”（精选士兵，确保兵精卒锐）、严格法制、严格训练和耐心管理，使之勇于战、巧于势、美于德、善于调养。作为企业的管理者，何尝不需要这样的精兵强将！

2. 环境因素

就社会大环境而言，必须形成一个竞争态势。具体来讲，还得有这样的环境：第一，企业环境变化节奏加快，同时，市场变化和消费者需求变化节奏加快；第二，处于激变之时，单凭经验进行判断、制定方针是冒险的，企业在新形势下必须进行纵横交叉趋势分析；第三，消费者基本需要满足之后，更多的是从个性角度购买消费品；第四，社会从以群体性商品生产为基础转向以先进技术和复杂、密集的信息交流为基础。这些环境因素把企业推向权变的顶端，企业不审时应变就难以生存。

3. 灵活度因素

孙子主张的“九变之利”就是灵活度的具体化。所谓“九变”，就是指各种机变，即不循规蹈矩，而是根据当时的客观情况采取行动。现代企业必须具备这种机变能力。

如今，企业以单一产品进入市场的单一型经营策略，已经被愈趋激烈的市场竞争所打破。企业为了自身成长需要，必须增强其灵活度，运用“多角化策略”。这种策略有许多优点，诸如风险分散（一种产品失败可由另一种产品的成功来补偿）、利用生产能力的余力、成本节约等。

4. 质量因素

企业产品的质量因素包括两个方面：一是物美价廉，这样才能提高企业产品的声誉；二是要向广大消费者提供优质服务，使消费者对厂家产生信赖。

5. 新奇因素

企业的产品新颖、独特，才具有永恒的魅力。“故善出奇者，无穷如天地，不竭如江河。”善于出奇的将帅，战法变化就像天地那样运行无穷，像江河那样奔流不竭。当代的新产品，无不以奇制胜，一个企业如果不以创新为前提，加快新产品的开发力度，要形成积极态势几乎是不可能的。

◆ 权变理论的类型及应用

1. 情感性权变

所谓情感性权变，是指针对不同情感需要而实施的不同管理方法。

2. 因形用权

因形用权就是通过表现于外部的形貌而因势制宜，以求轻松取胜。所以，企业对于对手的特点、特长、能力以及弱点，必须了如指掌。

在竞争的世界里，若企业处于“敌众我寡”的态势下，企业家只要知彼知己，深知对手的特点，根据不同的“敌情”采取不同的战法，以己之长，击彼之短，就能在竞争中赢得主动、取得胜利。

3. 谋略性权变

谋略性权变理论体系的完善首推中国古代兵法家孙子的思想，最能体现孙子谋略性权变思想的是“奇正理论”。所谓“正”，是按照通常的战术原则，以正规的作战方法进行战斗；所谓“奇”，是根据战场情况，运用计谋，出其不意攻其不备，攻敌于措手不及，采取奇特的办法作战。奇正理论有以下特点：

（1）奇正相生，辩证统一

“奇中有正，正中有奇，奇正相生，变化无穷”。正奇双方，去一方均不可，“有正无奇，虽整不烈，无以致胜也；有奇无正，虽锐无恃，难以控御也。”作战时只有正兵而无奇兵，阵势虽很严整但不能给对方以猛烈的打击，从而无法取胜；只有奇兵而没有正兵，攻势虽很锋锐，但没有可作为依靠的钳制力量，就难以控制敌人。许多企业家在经营管理中只注意正或只注意奇，把事物绝对化，不知奇中有正、正中有奇、奇可为正的权变思想。

（2）力求以智取胜

奇正理论的一个显著特点是力求以智取胜，而不只是以力取胜。力求以智取胜就要巧设计谋，“巧能成事”，“易其事，革其谋，使人无识；易其居，迂其途，使人不得虑”。作为一个企业家，在竞争对手面前，行动应该经常变化，计谋应不断更新，使对方推测不出自己的意图。针对竞争对手，我们可以设下若干谋略以求“巧能成事”，比如先发制人与后发制人相结合，扬长避短与扬短避长相结合等。

（3）兵因敌而制胜

应根据对手的情况决定取胜的方针，“兵之形，避实而击虚，水因地而制流，兵因敌而制胜。”要用谋略性权变避开对手坚实的地方去攻击对手的弱点。阿尔文·托夫勒在为美国电报电话公司写的一份秘密报告中提出新兴工业国家原材料和劳动力低廉，因此发达国家必须迅速建立在信息和超级技术基础上的“手艺”或“脑艺”新生产体制。这就是避实击虚的经济战例，这一谋略的可行性已为实践证明。

4. 思维性权变

一个优秀的管理者必须对权变管理运用自如。权变是由人的意识所支配的，因此，权变首先是人的思维性权变。一个人必须思路开阔、头脑灵活、敏捷好动、审时静思，方能在权变中取得主动权。思维性权变包括以下几方面内容：

（1）敏捷思维和缓慢思维相结合

一个善于权变的管理者在许多地方需要思维敏捷、头脑灵活，才能适应万变的情况，左右开弓，得心应手。但有时也需要放缓思维，像科学家玻尔和爱因斯坦那样大智若愚。其实，这是深思熟虑所需要的。对于某项大的行动、大的决策，我们常常需要的是后者而不是前者。

（2）正思和反思相结合

管理者常常习惯于从正面去思考问题，这当然是必要的，但是由于现代管理中会出现种种复杂情况，在正思的同时，还应该运用反思，即把一个问题从反面想一想，看它是否行得通。

（3）辩证思维与想象思维相结合

在思维方式上，我们常常重视抽象思维，特别是抽象思维中的形式思维，只注意局部特点。作为一个现代管理者，还应更多地运用辩证思维。辩证思维要求在统一中把握对立，从矛盾的内在必然性去考察对象。

然而仅仅进行抽象思维是不够的，还必须进行想象思维。大多数人习惯于运用直观思维解决问题，还没有升华到想象思维的高度。想象思维是一个管理者创造力的源泉，想象思维可以使管理者在已有的个人经验或人类经验的基础上创造出新事物。

（4）局部思维与整体思维相结合

现代领导者不仅要运用局部思维，更重要的是要运用整体思维。企业是一个整体，企业各个部门之间的联系、流通、互补都要靠整体效应来实现，各个部门都要体现其整体性。企业领导应随时立足于整体，统筹全局，用整体论的方法来协调各方面的关系。

◎ 案例

朱利奥家庭饭馆

美国匹兹堡有一家朱利奥家庭饭馆运用整体思维颇有特色。

别人开饭店通过确定菜价来达到获利目的。但朱利奥却别出心裁，菜单上不标价，而让顾客自己定价，让顾客自觉付钱。其实，在这里朱利奥运用了整体思维。乍一看，这样做可能会给某些顾客吃白食提供方便，饭馆也有可能亏本。但是，这个新招却引来了不少好奇的顾客光顾，小店名气也大了，而且光顾者多数是有自尊心的，不会做出不光彩的事情来，相反，还有高额付款的，以示阔绰。当然，也有个别人做了不该做的事，对此，朱利奥也只是微微一笑，说："上帝祝福你！"结果朱利奥饭馆赚了不少钱。

（5）求同思维和求异思维相结合

有许多人善于运用求同思维，善于学习前人的知识、经验和法则，而不太善于运用求异思维，不善于迅速摆脱早先建立的那些体系，易于附和、盲从。

求异思维关注现象之间的差异，意在暴露已知与未知之间的矛盾，揭示现象与本质之间的差别。它的一个显著特征就是对被人们认为是完美无缺的定论持怀疑态度。对于现代管理者来说，具备求异思维的能力是十分重要的。

X—Y—Z 理论

管理心理学作为一门融合心理学、行为学、社会学及人类学等学科的边缘性学科，在现今的管理中得到越来越多的认识和应用。在 20 世纪 50 年代，西方国家就把心理学应用到管理之中。西方的管理心理学把人性的假设进行了分析与概括，提出了 X 理论、Y 理论和 Z 理论。

X 理论		Y 理论		Z 理论
强势管理	+	参与管理	=	综合运用
假设人是：		假设人是：		假设人是：

逃避责任	接受任务	物质＋精神
厌恶工作	喜欢挑战	惩罚＋激励
不愿思考	富有潜力	制度＋人性

◆ X 理论——强势管理

美国心理学家道格拉斯·麦格雷戈提出了非常著名的 X 理论和 Y 理论，其中 X 理论认为：

大多数人都不喜欢工作，且尽可能逃避工作；

一般人都不愿为工作负责任；

大多数人从事工作是为了满足基本的心理需要和安全需要，因此只有金钱和地位才能激励他们；

多数人需要被控制，需要用强迫、惩罚的方法管理。

X 理论就是强势管理，它认为大多数下属都习惯于逃避责任，不愿意动脑筋，甚至很讨厌上面派工作给他。碰到这种下属，管理者就需要使用强势管理，这种管理可以对员工产生约束力，提高企业生产效率。

◆ Y 理论——参与管理

Y 理论认为：

一般人都是勤勉的，并且喜欢工作，在工作中得到满足；

一般人不仅愿意承担责任而且主动寻求责任；

一般人都具有较强的想象力、理解力和创造力等各种能力；

一般人都能进行自我控制。

Y 理论认为，由单方面指挥、控制的管理是硬性的，是严格的，即使能够用公正的方法加以实施，也不能满足员工心理及安全的需求。

这一理论还认为，承担责任的能力，使自己的行动服从于组织目的，这些都是每个员工所具备的。管理者的责任是启发下属，使他们自己找到前进的方向。

如果你有这样的下属，他们愿意接受任务，喜欢发挥自己的潜力，喜欢有挑战性的工作，你就应该给下属一些机会，让他们参与管理。

◎ **案例**

只管三个人

美国著名的德怀特·戴维·艾森豪威尔将军是“二战”中盟军的指挥官。在诺曼底登陆以前，一次他在英国打高尔夫球，新闻记者采访他：“前线战势紧急，您怎么还有心情在这里打球啊？”他说：“我不忙，我只管三个人，大西洋有蒙哥马利，太平洋有麦克阿瑟，你看，在那边捡球的是马歇尔。”其实，德怀特·戴维·艾森豪威尔手下有百万大军，诺曼底登陆也事关重大，德怀特·戴维·艾森豪威尔将军没有直接参与指挥，难道他真得只管三个人吗？不是，他是善于让下属参与管理。

当然，在让下属参与管理之前，领导者先要启发、教育他们，培养他们的能力，在他们有了一定的能力之后再让他们参与管理。

◆ Z 理论——综合运用

在企业组织机构里，上述两种员工都存在，这就要求我们应分别应用 X 和 Y 两种理论。

X 理论强调物质、惩罚和制度，Y 理论强调精神、激励和人性。

Z 理论是由美国日裔学者威廉·大内在 1981 年出版的《Z 理论》一书中提出来的，本书研究的内容为人与企业、人与工作的关系。威廉·大内从 1973 年开始专注于研究日本企业管理，经过调查比较日、美两国管理的经验，提出了 Z 理论。

在 Z 理论的研究过程中，威廉·大内选择了日、美两国的一些典型企业进行研究。这些企业都在本国及对方国家中设有子公司或工厂，采取不同类型的管理方式。研究表明，日本的经营管理方式一般较美国的效率更高，这与 20 世纪 70 年代后期起日本经济咄咄逼人的气势是吻合的。作者因此提出，美国的企业应该结合本国的特点，向日本企业管理方式学习，形成自己的管理方式。他把这种管理方式归结为 Z 型管理方式，并对这种方式进行了理论上的概括，称为“Z 理论”。

Z 理论认为，一切企业的成功都离不开信任、敏感与亲密，因此主张以坦白、开放、沟通作为基本原则来实行“民主管理”。威廉·大内把由领导者个人决策、员工处于被动服从地位的企业称为 A 型组织，他认为当时研究的大部分美国机构都是 A 型组织。A 型组织的特点为：

短期雇用；

迅速地评价和升级，即绩效考核期短，员工得到回报快；

专业化的道路，造成员工过分局限于自己的专业，而对整个企业并不了解；

明确地控制；

个人决策，不利于诱发员工的聪明才智和创造精神；

个人负责，任何事情都有明确的负责人；

局部关系。

相反，他认为日本企业具有以下不同的特点：

实行长期或终身雇用制度，使员工与企业同甘苦、共命运；

对员工实行长期考核和逐步提升制度；

非专业化的道路，培养适应各种工作环境的多专多能人才；

管理过程中既要运用统计报表、数字信息等清晰明确的控制手段，又注重员工之间经验的借鉴和员工潜能的挖掘；

采取集体研究的决策过程；

对一件工作集体负责；

树立牢固的整体观念，员工之间平等相待，每个人对事物均可作出判断，并能独立工作，以自我指挥代替等级指挥。

威廉·大内把这种组织称为J型组织。

他不仅指出了A型组织和J型组织的各种特点，而且还指出了美国和日本不同的文化传统致使其典型组织分别为A型和J型，这样，就明确了日本的管理经验不能简单地照搬到美国去。为此，他提出了“Z型组织”的观念，认为美国公司借鉴日本经验就要向Z型组织转化，Z型组织符合美国文化，又可学习日本管理方式的长处，比如“在Z型公司里，决策可能是集体做出的，但是最终要由一个人对这个决定负责”。而这与典型的日本公司（即 J 型组织）做法是不同的，“在日本没有一个单独的个人对某种特殊事情担负责任，而是一组雇员对一组任务负有共同责任”。他认为：“与市场和官僚机构相比，Z 型组织与氏族更为相似”，并详细剖析了 Z 型组织的特点。

考虑到由 A 型组织到 Z 型组织转化的困难，威廉·大内明确给出了 13 个步骤，认为这个变革过程一般应如此进行：

参与变革的人员学习领会 Z 理论的基本原理，挖掘每个人正直的品质，发挥每个人良好的作用；

分析企业原有的管理思想和经营方针，关注企业宗旨；

企业的领导者和各级管理人员共同研讨制定新的管理战略，明确大家所期望的管理宗旨；

能够创立高效合作的组织结构和激励措施来贯彻宗旨；

培养管理人员掌握弹性的人际关系技巧；

检查每个人对将要执行的 Z 型管理思想是否完全理解；

把工会包含在计划之内，取得工会的参与和支持；

确立稳定的雇用制度；

制定合理的长期考核和提升制度；

经常轮换工作，以培养人的多种才能，扩大雇员的职业发展道路；

认真做好基层一线雇员的动员工作，使变革在基层顺利进行；

找出可以让基层雇员参与的领域，实行参与管理；

建立员工个人和组织的全面整体关系。

威廉·大内认为以上过程要经常重复，而且需要相当长的时间，比如 10 ~ 15 年。

◆ 重视精神

对于员工的管理，我们往往只是注重在物质面、惩罚面和制度面上下功夫，而忽视了精神、激励和人性层面。

◎ **案例**

大家分享

一位成功的商人谈起自己的成功经验时，说到自己年轻时就养成一个习惯——将他薪水的1/10拿出来帮助他的下属。当他赚五千块钱的时候，就拿出五百块钱帮助他的下属，大家买点儿吃的喝的；当他赚一万块的时候就拿出一千块钱来给下属改善一下生活，让他们出差时能吃好点儿，住好点儿；当他赚五万的时候就拿五千出来给下属作奖金；当他赚十万的时候就拿出一万块钱给下属们添置一些服装。而今天他的得力助手就是这些同舟共济的朋友。

所以一个人不要常常说资金和预算不够，而要看你是如何看待这些资金，而你又动用了自己的多少资金。

◆ 强调激励

每个人都需要激励，适当的激励能够激发员工的工作积极性。

◎ **案例**

参观摩托罗拉

上海摩托罗拉的副总经理带领我们参观他们的生产线。在经过一个男作业员时，看到他正在拧焊作业管线，副总经理对他说："Good boy！”男员工对他笑了一下。当参观到检验车间时，一个女作业员正在用放大镜检验产品，副总经理对她说：“Nice girl！”女作业员也微笑了一下。听到副总经理能和自己很亲切地讲“Good boy，Nice girl”，对他们来说就是一种激励。

有些人认为作为领导或者主管，别人给自己敬礼、问好是应该的，其实人与人之间是要互相激励的。“老王，吃过饭了吗？”“老李，脸色不好，多休息一下。”这么一两句话就是一种激励，会给人以温暖的感觉。

◆ 注重人性

讲究人性管理有时甚至会优于严格的制度管理。

◎ 案例

吊　唁

日本桑德利啤酒厂副厂长的父亲去世了，桑德利啤酒厂的总经理去吊唁，穿了一身黑色的西服，臂上还戴一个黑纱。“副厂长先生，令尊去世，我们大家都非常难过，我代表公司全体员工来这里吊唁，你要注意身体，希望你早点回到工作岗位，节哀顺变。”之后，他又去慰问副厂长的家属，这就表示他把副厂长的家人也当成自己的亲人了。副厂长对旁人说：“看样子我这辈子是要死在桑德利了。”

在实际工作中，我们需要物质＋精神、惩罚＋激励、制度＋人性的管理方式，这样才能真正做到一把钥匙开一把锁，在用人上游刃有余。

F. E. 费德勒的权变观点

F. E. 费德勒提出了“权变领导理论”，使以往盛行的领导形态学理论研究转向了领导动态学研究的新轨道。权变的意思就是视情况而定，一件事情今天有道理，可能明天就没有道理；在一个地方讲是正确的，在另一个地方讲就可能是错误的。

当许多研究者仍然争论究竟哪一种领导风格更为有效时，F. E. 费德勒在进行了大量研究的基础上提出了有效领导的权变模型，他认为任何领导形态均可能有效，其有效性完全取决于所处的环境是否适合。

首先，他剥离出以下影响领导形态有效性的 3 个环境因素：

◆ 领导者与下属的关系

即领导者是否受到下属的爱戴、尊敬和信任，是否能吸引下属并使下属愿意追随他。

◆ 职位权力

即领导者所处的职位能提供的权力和权威是否明确充分，在上级和整个组织中所得到的支持是否有力，对雇用、解雇、纪律、晋升和增加工资的影响程度大小。

◆ 任务结构

指工作团队要完成的任务是否明确，有无含糊不清之处，其规范和程序化程度如何。

费德勒模型利用上面 3 个权变变量来评估情境。领导者与下属关系或好或差，职位权力或强或弱，任务结构或合理或不合理，3 个权变变量结合起来，便得到 8 种不同的情境或类型，每个领导者都可以从中找到自己的位置。

F. E. 费德勒相信影响领导成功的关键因素之一是个体的基本领导风格，因此他为发现这种基本风格而设计了“最不喜欢的同事”（LPC）调查问卷，问卷由 16 组对应的形容词构成（见图 5–1）。作答者要先回想一下与自己共过事的所有同事，并找出一个最不喜欢的同事，在 16 组形容词中按 1 ~ 8 的等级对他进行评估。如果以相对积极的词汇描述最不喜欢的同事（LPC 得分高），则说明作答者很乐于与同事形成良好的人际关系，就是关系取向型。相反，如果对最不喜欢同事的看法很消极，则说明作答者可能更关注生产，就称为任务取向型。F. E. 费德勒运用 LPC 问卷将绝大多数作答者划分为两种领导风格，也有一小部分处于两者之间，很难勾勒。

快乐	8 7 6 5 4 3 2 1	不快乐
友善	8 7 6 5 4 3 2 1	不友善
拒绝	1 2 3 4 5 6 7 8	接纳
有益	8 7 6 5 4 3 2 1	无益
不热情	1 2 3 4 5 6 7 8	热情
紧张	1 2 3 4 5 6 7 8	轻松
疏远	1 2 3 4 5 6 7 8	亲密
冷漠	1 2 3 4 5 6 7 8	热心
合作	8 7 6 5 4 3 2 1	不合作
助人	8 7 6 5 4 3 2 1	敌意
无聊	1 2 3 4 5 6 7 8	有趣
好争	1 2 3 4 5 6 7 8	融洽
自信	8 7 6 5 4 3 2 1	犹豫
高效	8 7 6 5 4 3 2 1	低效
郁闷	1 2 3 4 5 6 7 8	开朗
开放	8 7 6 5 4 3 2 1	防备

图5–1　F. E. 费德勒的LPC问卷

费德勒模型指出，当个体的 LPC 分数与三项权变因素的评估分数相匹配时，则会达到最佳的领导效果。F. E. 费德勒研究了 1200 个工作群体，将 8 种情境类型的每一种与关系取向和任务取向两种领导风格相比对，最终得出结论：任务取向的领导者在非常有利的情境和非常不利的情境下会工作得更好。

F. E. 费德勒认为领导风格是与生俱来的，你不可能改变你的风格去适应变化的情境。因此提高领导者的效率，实际上只有两条途径：

第一，替换领导者以适应环境。比如，如果群体所处的情境被评估为十分不利，而目前又是一个关系取向的管理者进行领导，那么替换一个任务取向的管理者则能提高群体绩效。

第二，改变情境以适应领导者。F. E. 费德勒提出了一些改善领导者——下属关系、职位权力和任务结构的建议。领导者与下属之间的关系可以通过改组下属加以改善，使下属的经验、技术专长和文化水平更为合适；领导的职位权力可以通过变更职位充分授权，或明确宣布职权而增加其权威性；任务结构可以通过详细布置工作内容而使其更加定型化，也可以对工作只进行一般性指示而使其非程序化。

费德勒模型强调为使领导有效需要采取什么样的领导行为，而不是从领导者的素质出发强调应当具有什么样的行为，这为领导理论的研究开辟了新方向。费德勒模型表明，并不存在一种绝对最好的领导形态，企业领导者必须具有适应力，自行适应变化的情境，同时也提示管理层必须根据实际情况选用合适的领导者。

费德勒模型的效用已经得到大量研究的验证，虽然在模型的应用方面仍存在一些问题，比如 LPC 量表的分数不稳定，权变变量的确定比较困难等，但是费德勒模型在实践中还是具有重要的指导意义的。

本章小结

在管理工作中，一视同仁的管理方式并不可取。因为每个个体都是不同的，对下属的管理方法也需要灵活多样、因材施教，一把钥匙开一把锁。在了解下属的过程中应明确：不同的家庭背景、不同的出生时间、不同的血型等，都会对人的性格产生影响。

本章还讲述了 X—Y—Z 理论与 F. E. 费德勒的权变观点。在 X—Y—Z 理论中，X 理论强调强势管理，Y 理论强调参与管理，Z 理论强调综合运用，我们要注意不能只在物质面、惩罚面和制度面上下功夫，而忽视了精神、激励和人性层面。另外，F. E. 费德勒的权变观点告诉我们，任何领导形态均可能有效，其有效性完全取决于所处环境是否适合。

第六章

忘了企业的命脉——利润

利润是企业的命脉

管理的主要目的

世界 500 强的名单每年都不同

人性化管理

企业是应市场的需要而存在的，它的目的是吸引顾客，最终创造利润。

利润是企业的命脉

在市场经济条件下，企业应该时刻适应市场的需要。检验企业是否适应市场，最重要的标志就是企业的利润。

国内有些企业喜欢把“做大”当成目标，喜欢当第一，如市场占有率第一、产销量第一等。也有些企业在一个行业中有了一定地位后，就开始实行多元化（具体指不相关联行业的多元化），要把摊子铺大，要成为大集团公司。其实“大”只是表面现象，并不一定在业绩上能取得优势。

比如1979年在中国投资的泰国正大集团经过几十年的发展，其在中国的农牧产业获得长足发展，从20世纪90年代初开始，正大集团又先后投资房地产、摩托车、啤酒等行业，效益却不尽人意、逐年下滑，有的行业已告亏损。直到1998年年初，正大集团才放弃多元化，专注于最初投资的农牧业。同是在20世纪90年代初，万科企业股份有限公司却在“瘦身”，将与主要产业无关的企业全部出售。万科由多种经营转为专营房地产，又在房地产中选择了住宅，并将产品定位在中档以上的、城郊结合的住宅。通过“减法”，万科做强了。

因此，对一个企业来说，重要的不是它涉及行业的多寡，而是其竞争力，尤其是核心竞争力。竞争力泛指一个企业在激烈的市场竞争中的综合能力（包括市场拓展力、产品创新力等）。而核心竞争力是指企业在同行业中具有的专业性最强的竞争力。核心竞争力强的企业往往很“专一”，不一定是大企业，而是最有希望、效率高、适应市场快的企业，其最重要的标志就是企业的利润高。

我们经常以一些指标作为衡量工作是否完成的标准，然而指标完成了，销售量达到了，并不见得有利润。

忘却利润的重要性是企业经理常犯的管理错误。企业的每一位经理都应该竭力防止利润的下滑。经理只有不断地提醒员工注意他的个人活动与公司业务的因果关系，才能确保利润不致下滑。

> 没有利润，即使有最佳的产品、最好的形象、最优秀的员工，企业也会很快陷入困境。

世界上的企业大致分为以下 3 种：

◆ Follow，追随着别人

如果只是一味地跟着别人走，能够学得与其他企业一样就不错了。由于不能掌握精髓，就更加难以超越。

◎ **案例**

快餐文化

当肯德基和麦当劳来到中国的时候，很多企业也效仿他们搞起了快餐。他有炸鸡，我也搞个炸鸡；他有薯条，我也搞个薯条；他搞了苹果派，我也搞个苹果派……只会模仿而不懂创新，最后这些快餐店都纷纷倒闭了。

要学习一个企业，就应该从它的制度和文化学起，这样才能真正学到精髓。而且在学习模仿的基础上还需要进一步创新，这样才能由一味地追随变为超越，才能获得更多的利润。

◎ **案例**

海尔模式

海尔有一套卓有成效的管理模式，这其中就包括企业高管层要有“咬定目标不放松”的精神，不断和自己较劲儿，不达目的决不罢休。大部分企业显然缺乏这样一种顽强的持之以恒的毅力。

深圳某企业的厂长从美国某大学工商管理专业毕业后，为学习海尔而推行“7S”管理，比海尔的“6S”还多。有关企业理念及企业精神的横幅挂满企业各处，横幅上的文字写得非常好，从表面上看，似乎是一个很优秀的企业，但是事实上这个企业的“7S”管理完全是口号，企业内部贪污腐败，管理一塌糊涂。所以他们只学了一招半式，并没有学到海尔管理的精髓，或者说虽学得到位，但并没结合本企业实际，下大功夫真抓实干。

企业是靠一套良好的机制来进行管理的。海尔能够把文化和制度紧密结合，文化层面只占到30%，而更重要的执行制度的落实要占到60%～70%。有些企业的市场观念也很新，但是就是落不到实处去，原因就是没有形成一套良好的企业管理机制。

学习海尔，关键是要学习海尔的管理思路，而不是学习海尔的具体做法。因为管理是使理念变成行为的过程，在这个过程当中，管理者扮演着重要的角色，必须根据实际情况对企业管理体制进行重新打造与提炼。另外还应看到，海尔还不是一个很成熟的企业，它不是万能的神，因为它国际化经营的时间还不长，仍然需要在国际化竞争中不断积累经验。

在应用海尔经验前，企业要仔细审视一下：海尔的制度与你的企业的理念之间有多大程度的脱节？实际上制度与理念之间是一个函数关系，环境变了，理念变了，那么制度也应该随之发生改变。环境影响着理念，理念指导着行为。在环境改变的情况下，如果依然照搬其他企业的制度，那么这种理念与制度的脱节必将导致企业的失败。

学习海尔，关键要活学活用，因为海尔管理再好，它毕竟是海尔的，它只适用于一种特定的海尔文化。我们要学海尔的管理经验和技巧，就必须结合本企业实情进行必要的扬弃。

◆ Live，活得下去

首先要学习别人，其次要设法生存，要活得下去。

世界上著名的大公司很多都有着悠久的历史，德国贝尔有 400 多年的历史，日本三菱和美国可口可乐也都有上百年的历史。你的企业是否能说：我们已经存在了半个世纪？是否足以证明我们在中国活得很好？对于企业来说，没有 20 年、30 年的存在时间，还不能够验证你活得很好。

◆ Leader，行业领导者

一流企业定规格，二流企业拼品牌，三流企业拼服务，四流企业杀价格。

例如，微软制定软件行业的规格，沃尔玛制定超市的流程，这种企业就是一流企业了。经常听到空调大战、彩电大战，如果占领市场促进销售的方法只能靠相互杀价，那么也只能是四流企业。

要想提升企业的竞争力，只有做到组织健全、实力庞大、文化规范，而这其中提高企业税后净利润十分重要。只有不断赚取利润，累积财富，壮大实力，才能最终跃升为行业的领导者。

| 管理的主要目的 |

以最小的投入获得最大的产出

以最小的投入获得最大的产出，这是企业管理的永恒主题。当一家企业由追随者发展到生存者的时候，使企业活下去就成了一个重要的目标。一家企业要能存在并创造利润，而且能一直存活 20 年甚至 30 年以上才够资格说我是不是领导者。我们的企业大多是年轻企业，从学习到生存到发展还有很长的路要走。

一家企业的文化和制度，体现的应该是该企业领导者的管理思维而不是价值观。而构建怎样的企业文化和制度，都是围绕着“企业利润”这个目标。好的企业文化和制度不外乎是让员工自动自觉地发掘自己的潜能，从而实现与企业共同发展成长，这是一种典型的双赢策略。

在市场经济条件下，追求利润最大化是企业的主要经营目标。一些企业提出“大营销”的观念，就是要通过加强企业内部管理，降低成本，降低费用，支援市场建设，增强企业竞争能力，以财务管理作为企业内部管理的核心，并渗透到企业生产经营的方方面面，起到“纲”的作用，纲举目张，从而带动企业管理的全面提升。企业管理以财务管理为核心，财务管理以资金管理为中心，这一切又必须以提高产量、质量，节约成本费用为手段。

一家企业要走向成功，必须一只眼睛向外瞄准市场，深化市场的建设，另一只眼睛盯住企业的内部管理，使现代企业管理理念与传统管理理念完美地结合。简单地说，就是内外建设并举，以市场促现场，以现场保市场。现场就是内部管理，是企业综合管理水平的集中体现。因此，市场与企业管理是相辅相成、互为促进的关系。市场是载体，企业是主体，只有以市场为导向，才能使企业之舟在市场经济的海洋中安全地航行，才能够乘风破浪、奋勇前进。没有市场的企业就像失去了发展的根，而没有企业管理的硬功夫，企业就难以根深叶茂，成长为参天大树。练好内功，建设好市场，才能保证企业的长盛不衰。

不当“败家子”

千万不要有那种暴发户的心态，不要处处显示自己是大公司，而沦落为“败家子”。不论是多大的公司，都应该以利润为先，切实降低生产经营成本。

目标成本的制定和实施是一个系统性工程。公司应成立目标成本管理办公室，分别组成质量、人事、计量、财务小组，到公司各部门进行广泛调研，搜集数据，征求基层单位意见，反映存在的问题。

在目标成本执行过程中，广大员工会主动节约生产过程中的每一滴水、每一度电、每一吨气、每一张纸，这样，成本观念、质量观念、节约观念就会逐步深入人心，原来只讲究生产，不讲究成本，只顾埋头工作不看市场变化的局面就有了很大改变。这无疑是员工素质的一大提高。

日本丰田公司有两个规定：一是办公用纸两面用；二是公司内部文件的传递不得用新信封，都用旧信封。这说明了什么？说明了大家成本意识得到了加强。凡是成熟的公司，都非常注重节约。那些不成熟的公司或者刚刚暴发起来的公司，它们的一举一动，都带有那种暴发户的倾向，很少注重节约。

培养节约精神

“成由节俭败由奢”。随着企业的发展，有些人思想上也产生了一些不良倾向，认为家大业大，浪费点没什么！事实上，许多企业就是在这种思想的腐蚀下垮掉的。

在我国流传这么一句话：“崽卖爷田不心疼。”因为家产不是自己亲手创造的，所以浪费掉一点也不心疼。企业用人应该明确一点：凡是大手大脚的人，凡是挥霍浪费的人，凡是那种在钱的问题上过不了关的人一律都不能用，即使要用，也要注意第一不能做财务工作，第二不能当经营者。

一个企业不在钱多少，而在于有一种什么样的作风，一种什么样的精神。要时刻不忘记勤俭办企业的宗旨，发扬艰苦创业的精神。勤俭办企业是传家宝，永远不能丢！

企业是人的企业，人是企业的灵魂，企业员工素质的高低决定着企业的成败。观念陈旧也好，机制不灵活也好，管理滞后也好，都是人造成的。总结和反省许多企业的失误，其中很重要的一点就是员工尤其是管理人员整体素质的提高跟不上企业发展的步伐。员工素质与思想观念、经营机制及管理方法之间是一种辩证统一的关系，但起决定作用的是员工素质。员工素质提高了，对企业观念的更新、机制的转换、管理的进步，都有明显的促进作用；反过来后者对前者具有反作用，尤其是机制的转换和管理的进步必将会带动员工素质的提高。

只有目标成本管理开展好了，才能建立一种适应市场经济发展的全新管理体制，才能真正实现观念的更新和成本意识的增强，才会最终带动企业整体素质的提高。

世界500强的名单每年都不同

世界500强名单每年都不一样，尤其是最后100名，每年上升和下降的企业都很多。

◎ **案例**

安然公司的倒下

安然曾经在世界500强企业中名列第7，如今这样一个公司已经灰飞烟灭，昔日的辉煌已经变成历史，安然公司的老板肯尼斯·莱也被美国联邦法院起诉。

◎ **案例**

奇才创奇迹——美国通用电气公司前董事长杰克·韦尔奇

在美国，一个犹如中国繁体字“龙”的商标家喻户晓，它是两个英文字母 G、E 的艺术拼写，是通用电气公司（General Electric Company）的简称。

通用电气公司前董事长杰克·韦尔奇屡次荣获美国企业界和各种评审机构的赞誉。《商业周刊》把杰克·韦尔奇称作“衡量所有企业主管的金本位”。1999 年《财富》杂志再次对杰克·韦尔奇的出色管理和通用电气公司的长期投资价值给予肯定，连续 2 年把“美国最令人羡慕的公司”的桂冠戴到了通用电气公司头上。

杰克·韦尔奇于 1960 年进入通用电气公司。1981 年 4 月，45 岁的他成为通用电气公司第 8 任董事长。1998 年，通用电气公司营业额达 1004 亿美元，列 1999 年《财富》500 强第 9 位，创利 92.9 亿美元，列 500 强第 2 位。

杰克·韦尔奇有什么高招让通用电气公司不断闪光？

第一，他要求公司讲求社会效益，赢得消费者信任。由于环保界怀疑用作电气设备绝缘液的多氯联苯致癌，通用电气公司于 20 世纪 70 年代就停止使用这一化学物质——尽管当时还无法确定。后来，通过对通用电气公司 7000 多名同这种绝缘液有过 30 ～ 50 年接触史的职工的长期监测，医学界宣布这些人没有因此而增加患癌症和心脏病的概率。

第二，他管理有术。据《商业周刊》报道，杰克·韦尔奇熟知公司 3000 名经理的表现，并根据每人贡献大小发奖。他要求人人力争第一，不听对于消极怠工的任何解释。杰克·韦尔奇还有一招是不养闲人，在他执掌通用电气公司期间，他将员工从 40 万人减到 26 万人。

IBM 咨询公司对世界 500 强企业的调查表明，这些企业出类拔萃的关键是具有优秀的企业文化，它们令人瞩目的技术创新、体制创新和管理创新根植于其优秀而独特的企业文化中。

为了在知识经济条件下增强竞争力，世界 500 强企业还十分注意提高组织的整体学习能力，并努力成为“学习型组织”。

一个成功的企业一定要有极其完善的治理结构、有极具竞争力的核心技术、有卓越的企业家及管理团队，以及积极和谐的企业文化。随着知识经济的发展，企业文化对企业兴衰将发挥越来越重要的作用，因为现代企业之间的竞争本质上讲就是文化的竞争。而世界 500 强优秀的企业文化必将提高企业的利润，增强企业的国际竞争力。

作为一名管理者，应时刻牢记利润是企业的命脉。当我们制订计划时，应认识到多元化经营的风险是很高的；在进行风险投资的时候，要科学地规划和利用资源。

人性化管理

国外成功的企业早已广泛实行了人性化的管理模式，这些企业不仅给予人才优厚的物质待遇，更重要的是给他们营造了一个宽松的创业、创新环境。“人性化管理”已成为西方经济学中的主导管理理念。

◎ **案例**

微软的“职业阶梯”

美国微软公司人力资源部制定的“职业阶梯”文件，详细列出了员工从进入公司开始一级一级向上发展的所有可选择职务，并且列出了不同职务须具备的能力和经验。这使员工感到个人的职业发展前景乐观，因此很少有人跳槽。

◎ **案例**

东芝的“重担子主义”

日本东芝株式会社认为，要尊重人就应该委以重任，谁拿得起100斤，就交给谁120斤的东西。为此，东芝推行了“重担子主义”

和“适才适用”的用人路线，在企业实行内部招聘，让员工自己申请最能发挥专长的职位，从而使企业繁荣昌盛、历久不衰。

◎ 案例

“一家人”的管理文化

玫琳凯公司是由玫琳凯·艾施退休后创办的一家国际性化妆品公司，公司成功的秘诀之一就是其“一家人”的管理文化。在该公司中，“人”是最重要的，他们以“人员对公司的向心力”为豪，深知关心员工和追求利润并不矛盾。玫琳凯·艾施的成功正是建立在帮助他人的基础上的。玫琳凯·艾施说：“公司的结构是建立在相互帮助的基础之上的，要想爬上成功的阶梯，必须相互合作。一个只会想到‘我能得到什么’的人，是不会成功的。只要你帮助其他人获得他们想要的，你就会得到你想要的。”“相信和尊重每一位员工”是玫琳凯·艾施的经营信条。她提醒所有的管理人员要注意使每个员工都觉得“自己是重要的”，她坚信这会鼓舞员工们更好地工作。一名优秀的管理人员应该不断地勉励每一位下属，提高他们的自尊和士气，而不是一味地求全责备。

以人为本就是以人为中心，把尊重人、爱护人、关心人作为企业经营活动的基本出发点。企业的一切生产经营活动都是人从事的，企业的兴旺发达归根结底要维系到广大员工身上。只有对员工尊重、关怀、理解、信任，才能充分挖掘员工的巨大潜能，调动员工的积极性，从而为企业创造更大的财富。

我国某些企业经营者误以为企业经营的好坏全在经营者个人。把“以人为本”变成“以我为本”，高高在上，以我为尊，长此下去，势必导致企业停滞不前，甚至出现经营性亏损。

伴随着经济全球化进程的推进，不管企业家们意识到与否，他们都已经直接或间接地参与到国际竞争中。企业家们必须以利润作为企业的命脉，所有的生产经营活动都应紧紧围绕利润来展开，这样才可能在竞争中立于不败之地。

本章小结

忘记了企业的命脉——利润，即使有最佳的产品、最好的形象、最优秀的员工，企业也会很快陷入困境。

一个成功的企业需要经历追随者——生存者——领导者的过程。

世界500强每年的名单都不同，这就告诉我们：每个企业都有机会成为强者，只要脚踏实地、务实创新，就一定能在激烈的竞争中立于不败之地。

第七章

只见问题，不看目标

只注意小处或问题，会丧失创造力

成熟的陷阱

二八定律

有效的管理者

勿忘短、中、长期目标

目标创新改变企业竞争模式

为什么有的公司“一千个人，两千条心”？为什么有的公司目标变来变去，计划永远赶不上变化？为什么下属们总对目标不满？这些问题如何解决？

对于大多数企业来说，由于资源的限制，往往很难在产品创新上取得突破。在现今社会，目标的创造力已经成为企业生存与成长的关键。

在过去几十年间，涌现了一批新的商界明星——他们不是新产品的创造者，而是新目标的创造者。迈克尔·戴尔（戴尔电脑）、安妮塔·罗迪克（Body Shop 化妆品）和理查德·布兰森（维珍集团）并没有创造新的产品——电脑、洗发水和航空服务在他们进入市场之前早就存在。然而，他们却创造了新的商业模式来销售这些商品。随着市场的日益全球化、竞争的不断加剧、消费者和投资人越来越挑剔，目标创新将不再是明星企业家的专利，而应该成为企业竞争的常规武器。

每一位经理人都必须明确其目标，这些目标应该始终以企业的总目标为依据。制定自己的目标，是每一个经理人的责任，并且是其首要责任。

企业的运作要求各项工作都必须以整个企业的目标为导

向，每个经理人都必须注重企业整体的成果，他们必须知道企业的要求和期望是什么，否则，经理人可能会找错方向、浪费精力。

只注意小处或问题，会丧失创造力

作为一个管理者不能只看到问题，而忘了企业的目标。目标是一个宏伟的大方向，而问题是眼前的琐事。有些企业中，总经理做副总经理的事，副总经理做经理的事，经理做科长的事，科长做组长的事，底下员工就不做事。这就是因为管理者一天到晚都在处理问题。

一个企业不可能没有问题，但在处理问题的同时，应该找寻这些问题产生的根源，如果陷入问题之中就会使管理者丧失创造力。管理者在开展工作前应建立一个框架，为下属制定一个游戏规则，就可以避免出现管理者什么事儿都“一把抓”的局面。

例如，由于工作的性质，财务经理向来比较保守，总经理说：“某某经理你做事情太保守，还要一天到晚让我来替你去处理其他的事情。”销售经理通常做事情比较胆大，也比较主动和积极，难免有越权的时候，总经理又说：“某某经理，你事情做得太过火，每次都要我来收拾你的残局，当你的消防队。”这些都是因为总经理指定的框架不明确所造成的。

◎ 案例

不会乱跑的牲畜

牧场主为了防止牲畜乱跑，在牧场的周围围上铁丝网，通上高压电，这样牲畜害怕触电就会远离铁丝网，而在牧场内活动了。一段时间以后将电切掉，牲畜由于习惯，也不会靠近铁丝网企图跳出或者钻出去了。

生物学家很早就发现，一旦动物习惯于一个框架，就不会逾越。作为一名主管，要学会把握原则、方向、框架，制定游戏规则让部下有据可循，接下来再去发挥主管的创造力。

◎ 案例

做有效的工作

比尔·盖茨曾说过："E-mail 是给别人用的，我们微软不要用。我绝对不否定 E-mail 的价值，但是我不认为每封 E-mail 都是非常有效率的。"

我们在工作中，也常常收发 E-mail，但有多少 E-mail 真正有效率，能够解决问题？如果每个主管每天都要看 200 封 E-mail，那么，请问他创造了多少生产力？

成熟的陷阱

我们经常听到有些 CEO 说，企业业绩下滑和成长缓慢是因为企业的发展到了成熟期，尤其是在汽车业、电信业、金融服务和航空服务业。但在众多的企业中也不乏特例。比如，美国的福特汽车公司就在经济不景气的情况下逆势发展。这些企业之所以成就突出，主要是因为做了一些受客户欢迎的改变，并由此受到了投资者的高度认可。

那么一般的企业是如何掉入成熟的陷阱里的呢？这是因为大多数企业在本质上都制定了大同小异的市场目标。它们很努力，想在同一个游戏中做得更出色一些，这些企业用同样的眼光看世界，基于相同的假设进行市场竞争。它们的愿景、价值观和战略计划是雷同的、可以互换的，因而会认为自己是在一个成熟的市场里进行竞争，竞争的压力反过来又加剧了企业的相互模仿。因此，企业自身丰富的、广泛存在的创新潜力受到压制。

追求标准、降低成本、规避风险和善于模仿，这些都成为企业经营的游戏标准。但是，这些仅仅对提高企业运营效率产生作用，算不上是真正的目标。客户由于看不到产品的区别，只能在价格上进行比较。这将最终导致整个行业的利润呈螺旋式下降；客户满意度降低；由于企业严格控制成本，员工感受到巨大的压力；成熟的行业变得更加成熟；经理们都愿意按照同样的模式继续前行，固有的思想得到强化，新的创意变得越来越少。

相反，当优秀的企业面对挑战时，它们则表现出杰出的、扭转乾坤的力量。对于如何开展竞争，这些企业有不同的理论和不同的行为模式——它们标新立异，从根本上创造了新的游戏，这才是创新意识、企业家精神和领导力的体现，才称得上是真正的目标战略。在这些企业中，领导人很清楚哪些资源和能力是对客户有价值的，并且努力去发展这些关键的资源和能力，并通过创造性的方法来平衡这些稀缺的资源和能力。

企业的战略创新应该体现在产品或服务的创新上，或者是在业务模式的创新上，例如在定价、销售渠道、客户服务上有所不同。这些创新应该是客户能感觉到的，或者是在竞争对手所忽视的并引起客户不满的那些方面进行的创新。只有这样，客户才会愿意支付较高费用，企业才会因此赢得利润。

所以，企业成长缓慢不在于其处于成熟阶段，而在于它们缺乏创新。

二八定律

二八定律（也叫巴莱多定律）是意大利经济学家巴莱多提出的。他认为：在任何一组事物中，最重要的只占其中一小部分，约20%，其余80%虽然是多数，却是次要的，因此称为二八定律。以这条定律来分析，在讨论会中，20%的人通常发表80%的言论；在销售公司里，20%的推销员会带回80%的新生意等。

很多主管花80%的时间只创造了20%的生产力，而把时间都浪费在不必要的地方了。比尔·盖茨说："能够站着就不要坐着。""能够在桌边就不要去会议室。""能够写便条，做备忘录，就尽量不要做会议记录。"

看一样的文件，开一样的会，每天不断地做工作报告，一天到晚发E-mail，这些都是例行公事，但是却会影响到人的创造力。做好工作内容测评，可以帮你检视一天的工作情况，避免例行公事（见表7-1）。

表 7-1 工作内容测评表

姓名：________日期：________ 部门：________职务：________		
工作内容记录		
时间	简要内容	是否为例行公事

使用说明：

目的：很多主管花 80%的时间，只创造了 20%的生产力，把时间都浪费在不必要的地方，该表有助于你检查一天的工作情况，避免例行公事。

填写：简要记录一天的工作情况，并作自我评测。

◎ **案例**

IBM 的 3 个危机

美国的 IBM 公司曾经是一家处境很危险的公司，称得上是从“坟墓”中崛起的巨人，因为 IBM 曾经犯了很多错误，经历了 3 个危机。

第一，高级主管每天都忙于开会。试想如果将每个人在会议中所消耗的时间换算成人力资源成本，将是多么的可观。

第二，对一切问题和危机反应迟钝。企业人员对一切问题和危机反应迟钝，互相推脱，最终会导致危机无法消除，公司面临倒闭。

第三，忘记了替顾客着想。

IBM 有一个强大的对手——戴尔，戴尔制定了针对 IBM 的 3 个促销方案：

第一，直接组装。IBM的电脑全部用自己的零件组装，成本很高，戴尔依靠两千多个供应商提供零部件组装电脑，这样就满足了顾客的各种需求，可以为顾客提供他们需要的任何价位的电脑。

第二，直接送货。IBM的送货程序很烦琐，而戴尔采用直接送货，接到订单后马上装货，在车上打单，客户打完电话一两个小时就可以收到。

第三，直接维修。戴尔成立了24小时抢修中心，顾客打个电话，戴尔将24小时上门服务。

IBM以行业领导者自居，忘记了替顾客着想，使戴尔成功地分割了IBM的市场份额。

如果企业的管理者和员工统统例行公事，没有创意，对一切问题和危机反应迟钝，就会阻碍企业生产力的提高。这就需要管理者有效地利用时间，设计框架制定游戏规则，努力激发创造力。

有效的管理者

◎ 案例

龟兔重赛

兔子与乌龟赛跑输了以后，总结了经验教训，并提出与乌龟重赛一次。赛跑开始后，乌龟按规定线路拼命向前爬，心想：这次我输定了，不过比赛不是目的，只要我尽力而为，赢不赢都达到了锻炼自己的目的。可当它到了终点，却不见兔子，正在纳闷之时，只见兔子气喘吁吁地跑了过来。乌龟问："兔老兄，难道又睡觉了？"兔子哀叹道："睡觉倒没有，却跑错了路。"原来兔子求胜心切，一上路只顾埋头狂奔，恨不得三步两蹿就到终点。估计快到终点了，它抬头一看，发觉竟跑在另一条路上，不得不返回岔道口重新奔跑起来，因而还是落在了乌龟之后。

这则新的寓言故事深刻地说明：在竞争的道路上，即使你的实力再强、条件再好，也要依赖于明智的目标指导。可以说，目标决定胜负，这对企业具有重要的借鉴意义。从一定意义上说，今天的企业已进入目标竞争的年代，企业之间的竞争在相当大的程度上表现为目标思维、目标定位的竞争。

有报道说，国外的企业家用在目标思考、目标研究上的时间占全部工作时间的60%；而我们的企业经营者对此却很少有深入的思考和研究。因而一些企业直到破产也没有制定出一个企业发展的目标，而是走一步是一步；而另一些企业则制定了错误的发展目标，没有根据市场形势的变化对目标进行及时修订调整并适时实行目标转移。而一个企业目标的失误往往是致命的。

有鉴于此，有效的管理者应该增强目标意识、强化目标思维，花大力气搞好企业目标研究与目标设计，并根据形势的变化适时调整企业的目标重点，从而把企业引向胜利的彼岸，创造辉煌的业绩。

彼得·德鲁克的“有效管理者”

彼得·德鲁克对“有效管理者”的研究在很多组织中被广为宣传和推广，并在实践中起到了重要的作用。彼得·德鲁克首先分析了管理的环境，明确了要提高管理者的工作效率必须首先解决的认识问题：“我们为什么需要有效的管理者？谁是管理者？管理者在工作中面临哪些现实问题？有效性是可以学会的吗？”

他最终告诉大家：有效性是必须学会的，也是可以学会的。管理者的效率往往是决定组织工作效率最关键的因素；并非高级管理人员才是管理者，所有负责行动和决策而又有助于提高机构工作效能的人，都应该像管理者一样工作和思考。

彼得·德鲁克对管理者工作中面临的现实问题的描述更是成为经典，被人们广泛引用，这些问题如下：

管理者的时间一般容易“属于别人”；

管理者除非采取积极行动去改变他们工作的现实，否则只好继续这样“工作”下去；

只有当别人利用管理者的贡献时，管理者才具有有效性；

尽管管理者在组织之内，但是要有效工作，他们还必须努力认识组织以外的情况。

彼得·德鲁克说：“这四个现实问题是管理者所无法改变的，它们是管理者存在的必要条件。但是，管理者必须认识到，如果他不经特殊努力实现有效性，他将成为无效的管理者。”

彼得·德鲁克通过自己的研究和观察，提出了要成为有效的管理者必须养成如下 5 种习惯：

◆ 知道把时间用在什么地方

管理者应该清楚自己所能支配的时间是很有限的，他们必须利用有限的时间进行系统的工作。

关于利用时间，他提供了简便易行的办法：记录时间、安排时间和集中时间。把管理者对时间的分配情况记录下来，然后问这样的问题：“这件事如果根本不做，会出现什么情况呢？”如果没什么，就不去做；“哪些事是可以让别人办，效果也一样好的？”如果有，就安排给别人；“我是否浪费了别人的时间而无助于发挥他的有效性？”如果有，去掉这样的事情。

减少时间浪费就是要找出：由于缺乏制度或远见而造成的时间浪费；人浮于事造成的时间浪费；组织不健全带来的时间浪费（表现为会议太多）；信息失灵造成的时间浪费。

相对于利用时间，更为重要的是要善于集中利用可供支配的“自由时间”。

◆ 注重外部作用

把力量用在获取成果上，而不是工作本身在开始一项工作的时候，管理者首先应想到的问题是：“公司要求我取得什么成果？”而不是像许多管理者那样从要做的工作开始着手。

◆ 把工作建立在优势上

把工作建立在自己的优势，上级、同事和下级的优势以及形势的优势上，而不是建立在弱势上。要用人所长，看他是否具备完成这项任务的能力和素质。当然，还要运用上级的长处，来为提高自己的有效性服务。

◆ 把精力集中于主要领域

在这些领域里，优异的工作将产生杰出的成果。他们能找出重点，并坚持重点优先的原则。

◆ 制定有效的决策

有效的决策常常是根据“不一致的意见”做出的判断，而不是建立在“统一的看法”基础上的。所需要的决策为数不多，但却是关键的。

目标管理：让管理者超脱于琐事之外

时间对于企业家来说可能是最宝贵的东西，然而，企业家最缺乏的恰恰是时间……混乱、无序的感觉在企业家心中相当普遍，造成这种心理状况的主要原因是事先没有制订缜密的计划或者缺乏执行计划的勇气。

显然，仅仅从心理的角度去解决这个问题是不太全面的，也未必能根本解决问题。“最重要的事情应该最优先去做”是目标管理的最基本原则，也是解决这类问题的原则。

世界上几乎所有的管理者都在运用目标管理方法，这种方法可以简单概括为一句话，即依据“我现在做的使我更接近目标”的原则，判断工作的轻重缓急，合理安排时间。它包括以下内容：

◆ 制定目标

如果想把工作安排得更好，最重要的是先问问自己：“我的目标是什么？”

◆ 制订计划

管理者和下属最大的不同是：管理者会仔细地考虑其努力的步

骤，制订工作计划。一个人如果没有制订工作计划的能力，就没有资格当一个管理者。

◆ 五层行动

行动可分为如下 5 个层次：

1. 重要又紧急

这些事情应该排在第一的位置，是必须立刻去做或在近期内要做好的工作。

2. 重要但不紧急

工作之中大多数真正重要的事情都不是紧急的，可以现在或稍后再做，但在实际操作中却往往被无休止地拖延下去。对这类工作的重视程度，可以分辨出一个人办事是否有效率，所以管理者要注意把这类工作列入优先的行列之中。

3. 紧急但不重要

这一类事情需要立刻采取行动，但因为不重要，就可以把它们列入次优先工作中去。

4. 既不紧急也不重要

很多工作既不紧急也不重要，而人们却常常在做重要的事情前先做它们，这是本末倒置。这些事情会使管理者分心，使你有借口把重要的工作向后拖延。这是许多能力不够而又身居高位的人的最大弱点。

5. 浪费时间

人们在面对一大堆纷繁复杂的工作时，难免心存畏惧。有的人工作还没开始就泄气了，也有的人先做容易的，结果永远也完成不了最困难的。因此管理者应运用二八定律，从众多工作中找出两三项最重要的，合理分配时间，集中精力完成。

帕金森定律中有一条："工作会自动地膨胀占满所有可用的时间。"因此，派给自己或别人的任务，必须要有期限。定下期限可以给自己施加压力，使自己尽快把工作完成。

当你把工作布置给员工，而他们没有做好时，你不要说："这些人是怎么回事？"而是问自己："我是怎么回事？我做了什么使这些人对我失信了？"原因可能是你没有建立一套追踪查询的制度。

假如企业家们能坚持运用上述目标管理的原则处理工作，那么他必将超脱于琐碎的事务之外，运筹帷幄、游刃有余。

石匠寓言与经理人目标

◎ **案例**

3 个石匠的寓言

有个人经过一个建筑工地，问那里的石匠们在干什么，三个石匠有三个不同的回答。

第一个石匠回答："我在做养家糊口的事，混口饭吃。"

第二个石匠回答："我在做最棒的石匠工作。"

第三个石匠回答："我正在盖一座教堂。"

如果我们用"自我期望""自我启发"和"自我发展"三个指标来衡量这三个石匠，会发现第一个石匠的自我期望值太低，在职场上，此人缺乏自我启发的自觉性和自我发展的动力。第二个石匠的自我期望值过高，在团队中，此人很可能是一个特立独行、“笑傲江湖”式的人物。第三个石匠的目标才真正与工程目标、团队目标吻合，他的自我启发意愿与自我发展行为能与组织目标的追求形成和谐的合力。显然，只有第三个石匠才是真正的经理人。

第一个石匠知道他要从工作中得到什么并设法得到它，他很可能会“正当地工作，以便得到公平的报酬”，但他不是而且永远不会是一位经理人。第二个石匠非常推崇自己精湛的技艺。事实上，技艺是极为重要的，如果一个组织不要求其成员贡献出尽可能高的技艺，该组织就可能士气不振。但一个专业人员一味追求技术、迷信技术，同样是不可取的。在企业中应该鼓励员工发挥技艺，但技艺始终应该同整体的需要相联系。

企业中很多经理人和专业人员正像第二个石匠那样，关心的只是专业工作，这可能会使一个人的眼界和努力与企业目标相脱节，而把职能性工作本身作为一种目的。在这种情况下，经理人不再以他对企业做出的贡献而以他的专业技艺为标准来衡量自己的成就。企业为了整体目标而对他提出要求时，他就会感到恼怒，认为这妨碍了“优质的工程”或“均衡的生产”。经理人的这种心态如果不予以调节，就会成为一种离心力，使企业成为各个职能部门的一种松散的“联邦”，这些职能部门只关心自己的专业，保守自己的“秘密”，热衷于扩大自己的领域而不是建设整个企业。

管理大师彼得·德鲁克曾说：“目标管理改变了经理人过去监督下属工作的传统方式，取而代之的是主管与下属共同协商具体的工作目标，事先设立绩效衡量标准，并且放手让下属努力去达到既定目标。”此种模式自然会形成企业的目标管理与自我控制。

中国企业中存在一种错误观念，认为运作、MBO（管理层收购）、流程重组、ERP（企业资源规划）、CRM（客户关系管理）等才是先进的管理方式，而价值工程、目标管理已经落后。事实上，只要企业还没有改变其营利性组织的属性，目标管理就仍然是企业经营管理中最有效的基础管理手段之一，是经理人技能提升的主要内容。

目标管理的核心是建立一个企业的目标体系，全体员工各司其职、各尽其能，推进组织目标的实现。在一个企业的目标体系中，总经理的目标、部门经理的目标、车间主任的目标是各不相同的，但他们的目标都和企业整体目标息息相关。企业整体目标的实现，有赖于各部门目标的顺利实现。

一个优秀的管理团队必然会制定一个合理的企业目标，把这个目标分解成一系列子目标，并把这一系列子目标落实到每一个员工的行为中去。

我们常听到管理者开会时会要求下属们“各司其职、各尽所能”。可是如果员工、经理人不清楚自己的目标，又怎么能司其职、尽其能呢?

经理人、员工的目标意识是可以通过后天的培训建立的，是需要企业管理团队着力去培养的。

从目标管理的方法来看，我们发现第三个石匠的回答正是企业所需要的。但更严格地说，他的回答仍然有目标不够明确之嫌。如果他能说出他是在做教堂的门柱或者穹顶，那么他对自己的目标就更明确了。当然，要石匠更清晰地知道自己的目标，恐怕责任不在石匠，而是在石匠的上司了。

| 勿忘短、中、长期目标 |

要为公司设定一个正确的目标，这里涉及一个非常重要的“SMART 原则”。什么是 SMART 原则？S 是明确的、具体的；M 是可衡量的；A 是可实现的；R 是相关的；T 是有时间限定的。一个目标缺少这五点中的任何一点，都不是一个好的目标，也就不具有挑战性，从而不能激发下属的主动性。

要确定公司目标，一般要经历 7 个步骤：正确理解公司目标，制定符合 SMART 原则的目标，检查公司目标是否与上级目标一致，列出可能遇到的问题和障碍并事先寻求解决办法，列出实现目标所需要的知识和技能，列出为达成目标所需的外部对象与资源，最后以书面形式确定完成日期等。

目标分为短、中、长期目标。一般来说，两三年之内是短期，三五年之内是中期，五年到八年甚至十年为长期。

公司的发展不能脱离公司的目标而独立存在，而必须与公司的总体战略目标相一致。神州数码的长远目标是：“做一家长久的、有规模的、高科技的百年企业。”并根据这个战略目标制定出神州数码的知识管理战略规划书，即“长久的”——知识必须进行积累；“有规模的”——知识必须能在大范围内共享；“高科技的”——管理的知识必须能提炼成高附加值的。

上级必须知道自己对下级的期待是什么，而下级必须知道自己对什么结果负责。每一位经理人，上至大老板，下至生产工长或主管办事员，都必须明确其目标，这些目标必须规定其所管理的单位应达到的成就，以及他和他的单位在帮助其他单位实现其目标时应做出的贡献，还应规定他在实现自己的目标时能期望其他单位给予的贡献，即从一开始就应把重点放在团队配合和团队成果上。

每个经理人的目标应该始终以企业的总目标为依据。即使是装配线上的工长，也应该以公司的总目标和制造部门的目标为依据来制定自己的目标。如果一位经理人及其单位不能为企业做出贡献，则应及时指出并纠正。这对于促使每一个职能部门和专业充分发挥技能，以及防止不同职能部门和专业各自为政并产生对立，防止过分强调某一关键领域都是必需的。

目标＝方向

- 短期（2 ~ 3 年）——整理产品线
- 中期（3 ~ 5 年）——发展策略联盟（资源互补）
- 长期（5 ~ 10 年）——尝试开发上中下游产品

所有经理人还应该兼顾短期的目标和长期的目标。而且，既要考虑各项有形的目标，还要考虑经理人的组织和培训、员工的成绩和态度以及公共责任这些无形的目标。否则，就是短视和不切实际。

企业在短期内应整理好产品线，中期内应发展策略联盟，长期应着手开发上中下游产品。但是国内很多企业是反其道而行之，先把产品规模做大，然后再寻找策略伙伴，最后才开始整理产品线。这样表面上创造了就业途径，其实往往会造成国家资源的浪费。

表 7-2 企业发展目标测评表

姓名：__________ 日期：__________ 部门：__________ 职务：__________
企业发展目标
短期目标：
中期目标：
长期目标：

使用说明：

目的：测试企业经理、主管对企业目标的了解程度，提醒他们勿忘企业短、中、长期目标。

填写：请企业经理、主管等相关人员填写。

目标创新改变企业竞争模式

目标创新的要点

概括来讲，目标创新的要点如下：

企业是容纳有价值的资源和能力的容器，这些资源和能力是有限的，并且通过特定的企业运营模式来相互平衡；

高回报来自于对公认假设的成功挑战，而不是采纳和其他对手差不多的策略；

从客户的不满、厌倦和感受中寻找灵感；

战略上的创新比单纯在运营效率上的改善要有价值得多；

目标要面向未来的市场环境。

古希腊哲学家苏格拉底通过提问来思考和处理问题，战略家也需要如此。经理们往往过分追求答案的精确性，而没有去思考应该提出什么问题。很显然，模糊但正确地回答正确的问题，要好于正确地回答错误的问题。

目标创新改变企业竞争模式

以下 3 个问题对于进行目标创新非常重要：

◆ 企业目前的业务模式是什么

企业目前是如何进行竞争的？想要得出这个答案，你需要问自己下面几个问题：

企业的客户是谁？

企业提供给客户什么？

企业是如何和客户沟通的？

客户是怎样得到产品和服务的？

企业的生产经营活动有哪些？哪些是外包的？

谁是企业主要的竞争者？

企业的营业收入和利润是怎样产生的？

在回答这些问题的过程中，你往往会发现，大多数企业采用的是一样的业务模式。比如，汽车行业和零售业的大多数企业，它们的回答会非常相似。

◆ 业务模式之后隐藏的关键假设是什么

前面我们提到，每个企业都试图设定一系列关于顾客需求的假设：顾客想要什么，顾客希望如何得到产品，等等，这些假设是每种业务模式的基础。但是事实上，许多经理人发现，有些假设只是企业自己想当然的，尽管已经存在了若干年，但是并不符合现实情况。当然，有一些假设的正确性也会被业务模式的成功运作所证明。

◆ 挑战这些关键假设能带来哪些机会

20世纪80年代，宝马和奔驰都确信，顾客心目中的“豪华车”只有一个标准，那就是尖端的德国技术。雷克萨斯汽车向这个假设提出了挑战，尽管他们也认为技术很重要，但没必要一定是德国技术，他们还相信，豪华汽车不仅仅外观要好，车内也要非常豪华。同雷克萨斯的豪华轿车相比，当时的奔驰轿车的内部布置就显得太普通了。所以大多数消费者，尤其是美国汽车消费者，都喜欢上了雷克萨斯车。宝马和奔驰在顾客离开之后，才开始意识到原来的业务模式的假设是错误的。

受到挑战的假设还包括：

客机的乘客不会因为价格便宜而放弃座位预定、用餐等服务（受到美国西北航空公司的挑战）；

根据客户要求定制的电脑不可能更便宜，也不可能保证制造商赢得利润（受到戴尔电脑的挑战）。

追随行业内的其他对手是很容易的选择，但这不是战略，也不可能带来更多的收益。如果企业以同样的方式给客户提供相似的产品，客户只能根据价格来进行选择。企业会因此陷入无休止的价格竞争，最终两败俱伤。

解决问题的关键在于目标的创新。企业应重新考察其基本业务模式，明确隐藏在现有业务模式背后的假设，通过挑战现有的假设而获得新的机会。

本章小结

只见问题不见目标是企业管理者一个易犯的错误。如果一个管理者整天忙于解决各种问题，扮演救火队员的角色，就会忘记要实现目标，久而久之会丧失创造力。这就需要企业的管理者有效地利用时间，设计框架，制定游戏规则，努力地发挥创造力。

第八章

不当老板只做哥们儿

好兄弟与经理人的成功混合体并不存在

别在员工面前作践自己

和下属在一起要保持管理者的威严和风范

在老板面前代表下属，在同僚面前代表部门

中国是一个特别强调人情味的国家，但是由于人情味产生的负面因素也不少，有时这种负面因素甚至掩盖了它的优点。我们常常说先做人后做事，可是有人却将这句话理解成以人情面子为先，把人情当作获取利益的工具。

每个人都有很多角色，比如在父亲面前是儿子，在妻子面前是丈夫，在孩子面前是父亲，在朋友面前是好友。如果一个人不能准确扮演自己的角色，我们就会说他“不识相”。

生活中扮错角色会发生误会，工作中扮错角色就更可怕。

好兄弟与经理人的成功混合体并不存在

在工作中，我们应该有这样一个原则，那就是不能把好朋友和好主管混为一谈。试想今天喝酒，主管与下属称兄道弟，明天早上下属迟到，主管能拉下脸面批评他吗？今天主管的女儿满月，下属来送礼，明天下属多报销了五百块钱，主管能将他揪出来吗？单位的风气就被这种兄弟关系搞坏了。所以，好兄弟与经理人的成功混合体并不存在。

◎ **案例**

杰克·韦尔奇的做法

美国通用电气公司的老板杰克·韦尔奇在回忆录中提到这样一个故事：杰克·韦尔奇的副总有一次对别人说，“杰克昨天晚上请我吃饭，他非常热心地替我夹菜，又替我斟酒，走的时候还跟我拥抱，但是我知道那老家伙叫我走路的决心是不会改变的。”三天以后人事部门命令下去，撤换了这个副总。所以老板替你倒酒是倒酒，夹菜是夹菜，却不会改变撤换你的决定。

杰克·韦尔奇的案例说明，做老板就要像老板，工作关系与朋友关系必须分清，不能将私人感情混入工作之中。又想当下属的主管，又要当哥们儿，把握其中的分寸是非常困难的。

主管不应在下属面前轻易暴露自己的心态，将喜怒哀乐都写在脸上。

希望给下属一个好印象是人之常情，但是经理人应该首先被尊重，其次才是被人喜欢。为此，不要用心计拉拢人，不要无缘无故接受下属馈赠，执行纪律要秉以公心。

别在员工面前作践自己

有一家策划公司业务非常萧条，公司里的一个策划师就问老板：“现在这个样子，您觉得公司怎样发展才好？”老板说：“现在的困难是暂时的，挺一段时间再看，可能会有起色。”策划师听了这样没信心的话，第二天就递交了辞职报告。

他为什么辞职？因为在他眼里，老板就代表了公司，老板对公司都没有信心，他怎么能对公司有信心？当然管理者也不能欺骗员工，空口许下无法兑现的诺言，但他可以说：“目前的情况你也看到了，我们的业务比较萧条，但我们公司员工的专业素质都比较高，尤其是你的策划能力很强，客户的评价很高。我相信两个月之内凭我们的努力，一定会好起来的，到时还怕你忙不过来呢。”

管理者需要树立自己的威信，要严格要求下属，而不能放纵下属。恩威并施是必要的，在工作中要用“威”来体现公司的制度，在私下再用“恩”来体现个人的关怀。如果为了做好人和下属交朋友，公司的制度将体现在哪里？如果下属犯了错误，你将怎么惩罚他？如果不惩罚，公司的威严何在？当然，管理者也需要朋友，但与同事做朋友并不恰当，同事之间有利害关系，能成为好朋友的凤毛麟角。当然，有些公司提倡关心下属的生活，作为管理者也要体现出对下属的关心，而不是一味地体现管理者的威严。

如果用动物来比喻的话，管理者在下属面前代表公司，所以对待下属要像老虎一样有威严，并用这种威严来贯彻公司的决策，维护公司的制度。而在出现意外时，管理者不能像普通员工一样慌张，要像大象一样稳重，处变不惊，体现管理者的风范。

总之，管理者在员工面前做事情要慎重，要有威信，而不要作践你自己。

◎ **案例**

日本人喝酒

日本人与同事喝酒通常兵分几路，这也是为了不破坏上下级的正常关系。如果同级别的两个主管一起喝酒，其中一个酒后失态，第二天，醉酒的人会感到十分不好意思，另一个主管也不再提及，此事就烟消云散了。但如果那个主管是和下属一起喝酒的话，这名主管一定威严扫地了。

管理者不同于普通员工，普通员工做好自己的分内事就可以。管理者则不然，管理者需要带领员工为了企业的共同目标而努力，不树立威信，就很难开展工作。

| 和下属在一起要保持管理者的威严和风范 |

演员演什么要像什么，作为经理人也要有经理人的专业风采。当英特尔的总裁安迪·葛洛夫先生到中国访问时，就有人这样评价道："国际级的企业家就是不一样，不论是私下的言谈举止，还是出席记者会发言，都展现出专业人士的泱泱风范。"

管理者要赢得尊重，不仅需要成功富足，更要有专业风采，这体现在主持会议、沟通表达、个人管理，以及员工管理方面。

人性化并不是人情化，私底下作为个人，可以对员工好，但是作为管理者，在下属面前，必须保持威严，遵守规则。

不做哥们儿也能使员工忠诚

是不是员工不再拥有铁饭碗，就不愿意忠心耿耿了呢？不一定。往往越开明的企业管理者在这点上越坦诚，他们会告诉员工：因为企业也存在竞争压力，他们无法保证给予员工一份铁饭碗的工作保障，但会设法激励员工、帮助员工成长、奖励员工。

◆ 设立高期望值

斗志激昂的员工喜欢迎接挑战，如果企业能不断提出较高的目标，他们就会留下。

◆ 经常交流

员工讨厌被管理者蒙在鼓里，没有什么比第一天听说公司前途无量，第二天却在报上读到公司可能被吞并或卖掉更能摧毁员工士气的了。

◆ 授权、授权、再授权

如果说在管理中，授权是一个最响亮的口号，是有一定道理的，毕竟员工最喜欢这种授权赋能的公司。

◆ 提供经济保障

员工工作的一个很重要的原因，就是获得经济收入，因此管理者一定要为员工提供良好且公正的经济保障。

◆ 多表彰员工

在员工工作出色的时候，给予他们充分的肯定，是向员工做出的最有力的承诺之一。

◆ 辅导员工发展个人事业

稀里糊涂的晋升和部门调动会使员工迷失方向。因此，员工需要公司指点迷津。

◆ 教育员工

应使所有员工明白：要在这个经济社会里生存下去，就必须锐化其技能，不断学习。

不做哥们儿，但也要激励员工

当问起员工是什么使工作变得有吸引力时，名列第一的因素通常不是钱，而是上级对他们工作的赞赏和认同。

◆ 取消“当月优秀员工”评选活动

“当月优秀员工”评选活动意义不大。如果评选权在管理者手中，员工们不明真相，就会因此丧失兴趣；若是以工作成绩为评选的基础，成绩突出者一般总是固定的几个员工；若轮流获奖，那更不会激起员工的干劲儿了。但是若能想办法给员工一些额外奖励，效果就大大不同了，这将会使员工觉得他的工作有附加值。

◆ 口头表扬不可忽视

对于利益高于一切的员工来说，口头表扬可能是“只听楼梯响，没见人上来”，但对于追求上进的员工来说，它却意义重大，是非常有效的激励办法。

◆ 保持肯定的态度

追求上进的员工通常对工作会有一定的想法，尽管他们的想法并不总是切实可行，但作为管理者应该鼓励员工发表自己的见解，只有这样，企业才可能生机勃勃。如果管理者对员工持肯定和引导的态度，员工就会主动替公司分忧。

◆ 留心身体语言

皱眉头、瞪眼睛、颐指气使，这些身体语言只能说明老板控制欲很强，无疑会引起员工的抵触情绪，使合作举步维艰。

◆ 管理者无须事必躬亲

一位低薪员工说："老板有一次对我说，这些都需在下午之前装进盒子，打上标签，装进货箱后运到车库，等你做完了，还有些别的事需要你帮忙。然后就走开了。这让我感觉自己是工作程序中重要的一环，老板相信我能做好，我由此得到鼓励，要证明自己能做好，不让他失望。"

◆ 不要总是一本正经

管理者对员工偶尔的小小违规行为若能持微笑和缄默的态度，也能营造公司内部健康、和谐的气氛，使员工感觉到管理者的人情味而乐于工作。

当然，人情不能够破坏制度，在一定的游戏规则里可以充分发挥人际关系的作用，但不能忘记自己是个主管，应该公事公办、公私分明。

◆ 变换工种，创造培训机会

在员工丧失了工作积极性、工作态度欠佳时，管理者不应横加斥责，而是要为他们将来的发展提供培训机会，可以变换员工的工种，让员工对新的工作岗位有一种新鲜感，并在有可能的情况下重用员工，使员工在新的岗位上获得工作积极性。

◆ 对表现突出的员工加以奖励

"表现突出"没有固定标准，它是因不同任务、工作而变化的。重要的是管理者能识别并奖励那些真正做出突出贡献的员工。奖励方式包括赞美的语言、赠送礼物、提供假期等。

◆ 合理安排员工的工作

员工需要进步，作为管理者应主动帮助员工进步，可以安排员工去完成工作范围之外的任务，以增强员工的信心，增加员工的经验。

◆ 授权员工，下放权力

授权给员工不仅能激发员工积极性，而且能够提高员工的业务水平。如果员工的知识和能力不被重视，员工就会丧失工作积极性，也会对强加给他们的工作产生抵触情绪。

美国人在“管理”这一概念中特别强调授权，他们相信最接近过程的人最了解这个过程和问题，对问题最有发言权。美国企业的高层经理通常会给下属制定一个目标，由下属来实现这个目标，高层经理只是以成果来衡量目标，至于中间用什么样的方式去实现他基本上是不会干预的。任何一个阶层的部门经理都可以在目标范围内制定决策，只要不违反公司的商业道德即可。例如，部门内部员工的招聘、升级、工资调整，都是由部门经理来决定。

总之，管理者应学会扮演不同角色去分析、解决员工的实际问题。管理者在与员工相处时不应带有偏见，而要把注意力集中在员工的业绩上。因为被偏袒的员工会因此被团队冷落和排挤，更会挫伤那些没有被偏袒的员工的积极性。管理者要通过严格和友好的方式达到工作目的，激励员工发挥潜在能力。

不做哥们儿，但要与员工一起成长

保证员工长期有效地为企业的发展服务，在员工自我发展的同时企业也获得发展，这是企业人力资源管理的目标，也是企业文化建设的价值所在。它需要企业参与员工职业生涯规划的指导与管理，把员工的职业发展纳入企业管理的范畴，与员工建立融洽的“心理契约”（心理契约即企业清楚每个员工的发展期望并予以满足，员工也为企业的发展全力奉献，因为他们相信企业能实现他们的期望）。企业的成功来自于企业能够提供给员工富有竞争力的职业生涯发展，员工成功的同时也就是企业成功之时，企业与员工之间应结成战略伙伴式的双赢关系。

职业生涯规划是员工谋求自我发展的个人设计，但企业可以通过企业文化、制度体系等辅助性措施从外部加以指导。恰当地参与员工职业生涯规划，可以使企业及时掌握员工的个性化特征和职业发展动向，了解员工的需要、能力及自我目标，加强个体管理；再辅以按照员工兴趣、特长和公司需要相结合的培训发展计划，使员工真正安心于企业工作并发挥最大潜能，创造出企业与员工持续发展的良好氛围与条件。职业生涯规划由此也成为联系企业与员工的纽带。

一般说来，企业参与员工职业生涯规划可从以下几方面着手：

第一，了解员工个人发展规划，寻找其与企业理念、目标的最佳切入点，以此作为企业指导员工职业发展的起点。企业和员工是紧密联系的利益共同体，双方的发展相互依存。每个员工都会有自己的职业生涯设计，追求的可能是权力、财富或是工作的安定感。哪种人适合企业需要？企业可以在多大程度上满足员工自我目标？二者合作的潜力有多大？这些都需要企业仔细考量，以便根据发展需要选择相应的员工。

◎ 案例

宝洁：心理契约

宝洁公司在招聘新员工时，一般要通过一套完善的测试手段全面衡量应聘者的领导素质及解决问题的能力，使所聘员工在最大程度上接近公司用人指标，便于公司进一步培养使用，这样员工与企业才可能真正达成“心理契约”。当员工加入到企业中时，对其灌输企业经营理念、核心价值观、行为观等企业规范，使其尽量按照企业所提供的职业方向、路径向前发展，融入团队。

第二，有步骤、有计划、分阶段地以培训进修、轮岗锻炼、工作加压等手段帮助员工进行自我提高，同时予以及时评价，使员工认识自我、修正自我，进而产生与企业同命运、共同发展的内在动力与创新能力。员工的发展在很大程度上依赖于企业合理的职业管理。实现企业与员工的共同成长，关键在于建设“以人为本”的企业文化，在企业中创造出进取、和谐、平等的企业精神氛围，形成强大的精神动力，使企业在理念层次上达到和谐一致。企业首先要为员工创造一个能够施展才华、实现自我价值的舞台；其次要善于引导员工，使员工在企业中能够找到一条发展的道路，把全部身心都融入企业的发展中。员工谋求职业发展是一个不断提升自我的过程，以企业为主导的培训应成为辅助员工职业发展的有力工具。重视通过有效培训提升员工的职业安全感和工作能力，变利用员工能力为开发员工潜能，这是人力资源管理的方向。

◎ 案例

西门子：员工综合发展计划

西门子公司实施的“员工综合发展”计划以员工业绩和所具潜力为基础，系统地使用技术和管理培训、工作轮换、国际化派遣、职务提升等发展手段，每年为员工制订短期和长期的职业发展计划，使员工能够适应时代与公司发展的需求，潜能得到更大发挥。西门子还重点做好与员工的双向沟通，及时发现员工的新思路、新想法，了解其对企业管理的反映和要求，传达对员工的新期望，增加员工对企业管理的参与感和责任感。对于员工来说，与管理者的交流也可以使他们更清楚地认识自我，认清自身的长处与不足。

第三，以完善的管理制度和管理体系为员工提供工作机会和发展阶梯。企业运行机制的核心是人的激励与约束，如果没有有效的激励机制、约束机制与发展机制，员工的积极性、创造性就得不到发挥。管理者首先应当明确员工的职位升迁不是企业对员工的酬谢或赏赐，而是为实现双方共同的目标。员工的自我实现通过横向的（如金钱）和纵向的（如职位）发展来体现，企业须向员工提供相应的、可以证明其自我实现的内部条件，如职位、权责、待遇、福利等，本着“以人为本”的思想，从尊重员工发展的需要、帮助员工发展的角度出发，制定人性化与理性化相结合的职业提升方案，使员工持续拥有向前发展的希望，从而保持人力资源管理的主动。外资企业在设置管理职位的同时还会留有充裕的、平行的非管理职位，以避免员工职业通路的堵塞，使每位员工都有为实现自我价值而工作的动力。

◎ 案例

IBM：挑战潜能

IBM公司鼓励员工向自己的潜能挑战，为每位员工提供发挥所长及潜能的机会，并辅以完善的内部晋升机会让其实现自我价值。每一位IBM员工都可以拥有两条职业发展道路：一条是专业发展道路，如对于技术工程师等，IBM以多种培训助其在专业道路上站得更高、看得更远；另一条是管理道路，IBM重点提升其管理理论与实践的水平，使其最终发展成为合格的经理人。通过这样的制度，使员工认识到在IBM可以拥有很多学习和发展的机会，可以拥有实现自我的广阔舞台。

企业的成功在很大程度上取决于能否吸引有用的人才并为他们提供良好的职业发展道路。与员工共同成长是管理人本主义的体现，也是知识经济时代企业发展的必然要求，企业只有适应新趋势、赢得人力资源，才能在未来的竞争中赢得优势。

| 在老板面前代表下属，在同僚面前代表部门 |

在老板面前代表下属

管理者在老板面前应代表下属。因为老板与管理者进行沟通时，在很多情况下是想了解部门员工的动态，尤其是部门骨干员工的动态，老板会认为管理者是掌握部门信息最多的人。这时候，管理者要代表下属全面反馈部门的信息。

“我们项目组的小王生病了，住院 3 天，我去看过了，很快就会好。他的工作已经由小李接手了。”

“员工对公司取消班车有些看法，很多员工上下班不方便，我担心会影响到员工工作的积极性。”

“客户最近反映我们的售后服务不及时，我的员工也是这样反映的，这样会影响客户的满意度。”

信息无论好坏都应告知老板，只有这样，他才能对公司的动态有全面的把握。管理者千万不要报喜不报忧，否则老板就成了“聋子”，管理者在他眼中就成了“瞎子”。

管理者在反映信息的同时，还要代表员工提出要求。如果不及时反映员工的要求，可能会引起员工的不满，挫伤他们的积极性。对于合理的要求，管理者应积极为员工争取，这体现了对公司的忠诚，因为只有维护了员工的利益，才能更好地维护公司的利益。

在同僚面前代表部门

管理者和同僚的关系既是合作者，又可能是竞争者。管理者在同僚面前要全面地维护部门的利益、部门的形象，因为在对方眼中你代表的是部门。

请看下面两个经理的谈话：

甲："我们部门的那个小王真是让我头疼，怎么也激励不了他。给他发挥能力的机会他不要，说太累；给加薪呢，他的热情只能保持一个星期，真没办法。"

乙："确实，有些员工比较难管。"

表面上乙对甲表示了同情，但实际上他可能会想："连激励都不懂，这个家伙是怎么做经理的？"自觉不自觉地就会对甲产生轻视，以后在工作中可能也不会配合甲这个"弱者"的。

在一次公司部门经理的例会上，人力资源部经理在完成述职报告后，针对其他同事的提问，进行了发言：

"我们人力资源部这一段时间的表现确实不是很好，我想这和我有直接关系。很不好意思，我前一段时间身体不好，影响了和部门员工的沟通，也在一定程度上影响了人力资源部门的正常工作的开展。在这里，我表示歉意。最近，我身体恢复得很快，现在已经康复了，我相信，我们人力资源部的工作会好起来的。”

这样的沟通确实非常坦诚，但是其他经理会怎么想？“原来最近人力资源部的表现不好是因为你的因素。”因此在这样的场合，管理者代表的是部门，对于出现的问题给出解决方案就可以了，其他的不用谈。

本章小结

本章讲述了“不做老板只做哥们儿”这个管理上的误区，作为管理者应将工作关系与朋友关系分清，不能将私人感情混入工作之中。

管理者在员工面前的言行一定要慎重，如果在下属面前随便，既不尊重员工，也是作践自己。

第九章

未能设定标准

完善的公司一定会有具体的政策

何谓“标准”

使追求标准成为企业发展的原动力

进行企业再造

设定标准是企业很容易疏忽的地方，虽然有工作手册、工作流程，但标准的精髓我们却没有掌握。

完善的公司一定会有具体的政策

◎ 案例

海尔定律

海尔集团曾经是一个濒临倒闭的集体小厂，现已发展成为中国家电的知名名牌，在国际市场上享有较高声誉，其经验被美国哈佛大学列为成功管理范例。

在创业初期，海尔采取的是直线职能式管理，这是根据企业当时的情况确定的。当时海尔有600名员工，由于企业连年效益很差，工厂内部十分混乱，采取直线职能式管理易于进行强化管理和扭转混乱局面。进入多元化的发展阶段时，海尔采取的是矩阵结构管理，以项目组为主进行管理，使职能与项目有机地结合，促进了企业的发展。在新经济时代，海尔采取了“市场链”管理，即一边整合企业外部资源，一边满足消费者个性化的需求，每个部门、每个员工都面对市场，变职能为流程，变企业利润的最大化为顾客满意度最大化。“市场链”管理形成了新的业务流程，即从市场获得消费者个性化需求的信息，然后把信息转化为订单，物流根据订单采购，制造系统按订单生产，商流把产品送到用户手中。由于消费者的需求永远是动态的，因此企业永远保持着有序的动态发展状态。

在海尔，有一个非常重要的理论，即“斜坡球体论”，具体内容为：企业发展的加速度与企业发展动力之和与阻力之和的差值成正比，与企业的规模成反比。公式为：A=F（合）/ M。这里，A 代表企业发展的加速度，M 代表企业的规模，F（合）代表企业发展动力之和与阻力之和的差值。日事日毕是解决基础管理问题，使 $F_{动1}>F_{阻1}$；日清日高是解决加速度的问题，使 $F_{动2}+F_{动3}>F_{阻2}$。这个理论主要是根据中国的实际情况提出的。

很多企业都存在标准无法全面贯彻或规章制度无法彻底执行的问题，对于标准的贯彻，个人没有“可持续性”，导致团队没有“可持续性”，一个企业也就没了“可持续性”！所以管理者就要不停地要求员工，海尔把这称为“反复抓，抓反复”。海尔的“斜坡球体论”形象地说就是：企业的基础工作稍微差一点，企业就会滑下去，一旦滑下去，这个名牌就毁于一旦。“斜坡球体论”就是要提醒管理者和员工要顶住，避免企业走下坡路。

◎ 案例

厦门航空：标准作业

厦门航空公司曾经发生过一起飞行事故——飞机升空后起落架无法收起。问题处理后，厦门航空公司制定了第一个 SOP，即标准作业程序。其中还规定了不要忘记起落架上面的插销，因为那次事故就是因为插销没有拔而造成的。另外对于插销要怎么拔，拔了以后要后退几步，怎么打手势等等都有十分详细的标准。飞机机身的任何部位需要维修，都要系上一条红丝带。以后飞机再出现问题时就可以参考 SOP 直接找出原因了。

一个公司要有两本书：第一本是红皮书，是公司的策略，也就是作战的指导纲领；第二本是蓝皮书，是公司的标准作业程序，也就是 SOP（见图 9–1）。

图9–1　SOP示意图

何谓“标准”

细节决定成败

全国各大城市的医院都有SOP，病人一到医院首先要挂号，接着排队就诊，然后领药。但是为什么很多人对医院的服务不十分满意呢？因为虽然医院制定了SOP，但是对于SOP的细节没有进行量化，因而这个SOP就只是一个作业流程，而不是一个标准的、细节经过量化后的作业程序。

◎ **案例**

量化细节

我们经常看到服务性质的单位挂横幅，上面写着：“微笑服务”，那么到底怎样的笑可以称为微笑？世界500强之一的沃尔玛规定员工面对顾客要常露微笑，后面写的注释是“露出八颗牙”，这就是对细节的量化。

美国的麦当劳对每一个流程的细节都进行了量化，连炸薯条、制作牛肉汉堡都有详细的规定，如牛肉饼烤出来20分钟后如果没有卖掉就要丢掉，这也是量化细节。

很多企业非常重视SOP，但是却没有很好地量化细节。

◎ **案例**

在酒店洗衣

宁波的东港大酒店为了方便顾客，将洗衣单设计得非常合理，男士、女士的洗衣单分别放置，湿洗是紫色的，干洗是草绿色的，熨衣是天蓝色的，免得客人拿错。

哈尔滨香格里拉饭店的洗衣单上写着：亲爱的顾客，在您临睡以前可以将您要洗的衣服交给我们，您醒来以后就可以收到干净而整洁的衣服，不必为此多付任何加急费用。您可以通知我们在以下任意时段送回衣服：早上5点到5点半，5点半到6点，6点到6点半，6点半到7点，7点到7点半，7点半到8点，8点到8点半，8点半到9点，9点到9点半。

这些人性化的规定都是在细节上为顾客着想，为顾客服务。

“全国劳动模范”李素丽说：“认真做事只是把事情做对，用心做事才能把事情做好。”这“用心”两个字强调的就是细节。

◎ **案例**

花钱买不到

有一次，我在一家饭店问一个服务员：“你们饭店几颗星呀？”服务员回答：“准五星。我们酒店硬件四颗星，软件五颗星，硬件花钱就买得到，但是软件是花钱也买不到的。”

工作流程哪个公司都有，但是如果工作流程没有进行细节上的量化，就做不出标准。想要做出详细的、可量化的标准，可参照表 9-1 认真执行。

表 9-1　标准作业程序（SOP）

<table>
<tr><td colspan="4">____________标准作业程序</td></tr>
<tr><td rowspan="10">工作说明：</td><td>NO.</td><td>内容</td><td>说明</td></tr>
<tr><td></td><td></td><td></td></tr>
<tr><td></td><td></td><td></td></tr>
<tr><td></td><td></td><td></td></tr>
<tr><td></td><td></td><td></td></tr>
<tr><td></td><td></td><td></td></tr>
<tr><td></td><td></td><td></td></tr>
<tr><td></td><td></td><td></td></tr>
<tr><td></td><td></td><td></td></tr>
<tr><td></td><td></td><td></td></tr>
</table>

（续表）

工作规范：			

使用说明：

目的：制定企业详细的标准作业程序，应用于各个部门。

填写：制定详细内容，并添加具体说明。

◎ 案例

在泰国曼谷酒店

清晨，在泰国曼谷酒店门口，一个漂亮的酒店服务员小姐微笑着和我打招呼：“早，余先生。”“你怎么知道我姓余？”“余先生，我们每一层的当班服务员都要记住每一个房间客人的名字。”我听后心里很高兴。电梯门一开，又一个服务员小姐站在那儿，“早，余先生。”“啊，你也知道我姓余，怎么可能呢？”“余先生，上面打电话说你下来了。”然后她带我去吃早餐，餐厅的服务员都称呼我余先生。当我询问服务员一些问题时，我注意到一个细节，服务员总是先后退一步再回答我，这后退一步就是为了防止她的口水溅到菜里。在我退房离开的时候，服务员把我的收据折好放在信封里交给我，并说："谢谢你，余先生，真希望第 7 次再看到你。"原来那次是我第 6 次去泰国。

之后 3 年我再没去过泰国，一天我收到了那个酒店寄来的一张卡片，"亲爱的余先生，3 年前的 4 月 16 号你离开以后，我们就没有再看到你，公司全体上下都很想念你，下次经过泰国一定要来看看我们。"下面写的是"祝你生日快乐"，原来写信的那天是我的生日。

这种优质的服务无疑赢得了一个顾客的心。

公司治理结构

安然公司曾是华尔街、商业出版物和管理界的宠儿，公司 2000 年的总收入达 1010 亿美元。人们通常把该公司看作先进管理实践的模范、发展电子商务的先驱和业绩扎实的典型。曾经《财富》杂志评选的最受赞赏的企业榜中，安然公司在优质管理方面的排名甚至超过了通用电气公司而位列榜首。华尔街也把安然股票列为"建议买入的强势股"。然而，没过多久，安然即宣告破产。现在，大家了然在胸的是：尽管安然公司有着各种各样的优点与强项，却缺失了企业越来越重视的一项素质——公司治理结构。

由于缺乏良好的治理结构，谨慎的投资者即使是在经济景气的情况下，也不愿购买这些企业的股票。在麦肯锡的一项调查中，有

66%的受访者表示，他们宁愿多花钱，也要去购买治理结构良好的企业的股票。

什么是良好的公司治理结构?

虽然良好的公司治理结构并没有固定的模式，不过经济合作与发展组织（OECD）还是确定了一些普遍的标准：企业必须保障股东与利益关系人的权利，必须公布其财务状况、经营业绩与股权结构。企业董事会必须审查企业的发展战略和经营业绩，确定高级经理人选及其薪金并监管其工作，协调利益冲突，确保企业会计和财务报表的诚信。

在亚洲，股东越来越重视维护自身权利。很多主要从民间集资的日本企业已经感到了这种来自股东的压力，并主动采取措施应对。一些巨型企业已经实施了企业治理结构改革，其他企业也在纷纷效仿。在马来西亚，甚至有中小股东把企业告上了法庭。这些对于亚洲的企业有着非常重大的意义，说明投资者已经成熟，企业也认识到：要吸引投资者，企业必须建立良好的治理结构。

毫无疑问，韩国一些企业在治理结构上的劣势已经严重阻碍了国家的经济发展。尽管引进了综合财务报表和外部独立董事，一些韩国集团依然故我地采用不合时宜的管理办法，这迫使效益良好的公司把资金注入运营不善的分支机构。集团总裁对董事会置若罔闻而一意孤行做出的投资决策，往往使企业蒙受数百万美元的损失。

掌握扬弃的艺术

彼得·德鲁克在谈到“扬弃”这个概念时，举了这样一个例子：

有个企业在某个专业领域处于世界领先地位。每隔 3 个月，该企业就安排一批员工坐在一起，对企业的某种产品、某项服务、某一工作环节或政策进行研究和讨论。他们会问：“如果不这样处理，会不会出现今天这种局面？”如果答案是否定的，他们会追问：“那么我们应该怎样做？”这样，公司每过四五年，便会对每一种产品、每一个工作流程，尤其是每一项服务进行一次系统的淘汰，或至少做一次调整。这便是该企业能够不断发展、不断盈利的奥秘所在。

“企业应当有能力消除体内废物，人类的这种功能是与生俱来的，但在企业中淘汰一些原有的事物就会有巨大的阻力。自我扬弃并非易事，但扬弃产生的作用是不可估量的。”彼得·德鲁克说。

海尔的启示：走向标准化、规范化、系统化

张瑞敏为海尔确立的文化精神是：无私奉献，追求卓越。在谈到企业发展时，张瑞敏说：“企业家只有两只眼睛不行，必须要有第三只眼睛。要用一只眼睛盯住内部管理，最大限度地调动员工积极性；另一只眼睛盯住市场变化，策划创新行为；第三只眼睛用来盯住国家宏观调控政策，以便抓住机遇，超前发展。”海尔能够不断战胜自我、快速发展的内在根源就在此，外在表现则是标准化、规范化、系统化的整体战略。

◆ SST 市场链体系

“SST”即索酬、索赔、跳闸。海尔成功实施市场链战略，并用计算机辅助管理，使企业中的每个人都与市场连在了一起。海尔的供应体系采用了供应链工程，这是一个垂直纵向的供应链，其中外国供

应商就有几百家，属于世界500强的有几十家，如果没有物流管理系统，就无法和他们对话。另外，海尔的海外公司如果没有这些管理方法，就无法在国外开展工作。

海尔“市场链”的提出，得益于哈佛大学迈克尔·波特教授的“价值链”理论，两者的不同是：“价值链”是以边际效益最大化为目标的，“市场链”是以顾客满意度最大化为目标的。张瑞敏说：“能够最大程度满足用户个性化需求，利润自然就在其中了。”建立这种相互咬合的市场链关键在于每项工作要落到实处。

首先，海尔人意识到SST仅是市场链的形式，市场链的目标是提高市场美誉度，赢得用户的心，其形式要能很好地为目标服务。海尔要到国际市场上竞争，企业必须具有一定规模，有了规模，如果再能机动灵活，这种企业就会无往而不胜。其次，海尔把工作分解到每个人的每一天，并在以下方面狠抓落实：指标的合理性；数据的真实性；激励的公正性；让每一个员工参与；创立即时激励机制。

◆“休克鱼”理论

吃“休克鱼”是一种兼并模式。鱼处于休克状态，比喻企业的思想、观念有问题，但只是“休克”，其肌体并没有腐烂，所以被兼并企业的硬件良好。海尔要“吃”符合这些条件的企业，只要注入海尔的管理文化，这种企业就会活起来。

海尔兼并红星电器没有投入一分钱，还是使用原来的人、原来的设备，只派了3个人去，而且他们第一次并不是去红星的财务部门，而是去企业文化中心，在那里讲海尔的经营理念、管理模式，革新其管理层人员的经营观念……顺理成章就使一个亏损企业起死回生。

海尔认为兼并能否成功，关键是看自己的企业有没有一个过硬的经营模式。在这方面，麦当劳有非常成功的经验，它在全世界都具有不可改变的经营模式。无论人们在哪里的麦当劳用餐，享受到的服务都是一样的。自己的管理模式要非常成功，否则兼并别的企业将是一种灾难。海尔在兼并企业时，灌输了一种重要的原则——二八定律，即在企业里，管理人员是少数，但他们是关键的；员工是多数，但从管理角度上说，却处于从属地位。因此企业出了问题，管理人员要负80%的责任。

◆ 问题解决三步法

问题解决三步法包括：紧急措施——将出现的问题临时进行紧急处理，避免事态扩大或恶化，紧急措施必须果断有效；过渡措施——在对问题产生的原因充分了解的前提下，采取措施尽可能挽回造成的损失，并保证同类问题不再发生；根治措施——针对问题的根源拿出具体可行的措施，使问题得以根治，消除管理工作中出现问题的外在因素。

◆ 9 个控制：5W3H1S

5W——Why（目的）、What（标准）、Where（地点）、Who（责任人）、When（进度）；3H——How（方法）、How much（数量）、How much cost（成本）；1S——Safety（安全）。

◆ 6S 管理

6S：整理（Seiri）——留下必要的，其他都清除掉；整顿（Seiton）——有必要留下的，依规定摆整齐，加以标识；清扫（Seiso）——将工作场所中看得见和看不见的地方全清扫干净；清洁（Seiketsu）——维持整理、清扫后的成果，保持干净整洁；素养（Shitsuke）——每位员工养成良好习惯，遵守规则，有美誉度；安全（Security）——一切工作均以安全为前提。

6S 大脚印，是海尔在加强生产现场管理方面独创的一种方法。“6S 大脚印”使用的位置在生产现场，使用方法是：站在“6S 大脚印”上，对当天的工作进行小结。如果有突出成绩的可以站在“6S 大脚印”上，把自己的体会与大家分享；如果有失误，也站在“大脚印”上与大家沟通，以期得到同伴的帮助，更快地提高。

◆“三只眼理论”和“浮船法”

关于市场竞争，海尔提出了“三只眼理论”和“浮船法”。企业“三只眼”用来紧盯员工和用户，紧盯政府，紧盯市场变化，并抓住这些变化，使之转化成企业腾飞的机遇；“浮船法”是市场竞争中的一种思维方法，在产品上也许无法做到尽善尽美，但是一定要比竞争对手技高一筹，即总是保持高于市场的水平。

使追求标准成为企业发展的原动力

◎ 案例

海尔的 OEC 管理法

OEC 是英文“Overall、Every、Control and Clear”的缩写。其内容为：O—Overall（全方位），E—Everyone（每人）、Everything（每件事）、Everyday（每天），C—Control（控制）、Clear（清理）。“OEC”管理法也可表示为：“日事日毕、日清日高”，即当天的工作当天完成，当天的工作成绩要比前一天有所提高。

“OEC”管理法由三个体系构成：目标体系、日清体系、激励机制，即首先确立目标，然后完成基础性工作，最后，工作的结果必须与正负激励挂钩。

这个管理法的执行过程是非常枯燥的，它的实施需借助于一个叫作“3E 卡”的记录卡，海尔要求每个工人每天都要填写一张 3E 卡。3E 卡将每个员工每天工作的七个要素（产量、质量、物耗、工艺操作、安全、文明生产、劳动纪律）量化为价值，每天由员工自我清理、计算日薪（员工收入就与这张卡片直接挂钩）并填写记账，检查确认后交给班长，不管多晚班长都要把签完字的卡片拿回来并交给车间主任，车间主任审核后再返回员工。海尔就这样一直进行了很多年，并且到目前为止还丝毫没有放弃的迹象！

OEC 管理法中包含了“一核心”“三原则”“四阶段”。“一核心”是指：市场不变的法则是永远在变，企业应根据变化的市场不断提高目标。“三原则”指：闭环原则——凡事要善始善终，而且要实现螺旋上升；比较分析原则——纵向与自己的过去比，横向与同行业比，没有比较就没有发展；不断优化的原则——根据木桶理论，找出薄弱项，并及时整改，提高全系统水平。“四阶段”是指 P、D、C、A 四个阶段：P——Plan（计划）、D——Do（实施）、C——Check（检查）、A——Act（处理）。P 阶段——根据用户要求并以取得最佳经济效果为目标，通过调查、设计、试制，制定技术指标、质量目标、管理目标，以及达到这些目标的具体措施和方法。D 阶段——按照所制订的计划和措施付诸实施。C 阶段——在实施了一个阶段之后，对照计划和目标检查执行的情况和效果，及时发现问题。A 阶段——根据检查的结果采取相应的措施，修正改进原来的计划或寻找新的目标，制订新的计划。

有专家认为：OEC 管理对任何企业都适合，但要坚持做才有效，要有几百次甚至成千上万次重复做同一件事的韧性和恒心，企业中每个员工都要具备这样的素质，管理者也要持之以恒，而不是出了问题或有了危机感便狠抓一阵，之后又不了了之。

◎ 案例

麦当劳精神

麦当劳的管理理论认为：企业首先应该是培养人的学校，其次才是快餐店。因为麦当劳属于服务性行业，具备优良服务理念的人，才堪称一流的员工。所以他们着力于寻找具有吃苦耐劳精神的人，并以公司自身的经验和“麦当劳精神”来培养他们，这种极有主见的管理为麦当劳赢得了很大的成功。

◎ 案例

“蓝色巨人”的实事求是原则

美国的“蓝色巨人”IBM公司成功的经验之一是：不录用恭顺的人，专用实事求是的人。IBM第二代领导人小托马斯·约翰·沃森说：“最容易使人受骗上当的是言听计从、唯唯诺诺的人；我宁愿用那种虽然脾气不好，但敢于讲真话的人。作为领导者，你身边这样的人越多，办成的事也越多。”敢讲真话的人不迷信权威，不计较个人得失，实事求是，坚持原则，能很好地贯彻企业经营理念，推进企业各项工作的发展。

一个员工做事情是不能靠主管在后面挥动鞭子的，而是让追求“标准”变成一种前进的原动力。

◎ 案例

希尔顿式服务

一对老夫妇来到希尔顿饭店订房间，服务生查了一下电脑，房间都订完了。“先生，太太，我们附近还有几家档次不错的饭店，要不要我帮你看看？”服务生礼貌地说，老夫妇接受了服务生的建议。于是，他们先领老夫妇去喝咖啡，一会儿过来说：“街后面的喜来登还有一个房间，档次跟我们是一样的，还便宜 20 美金，您要不要？”老夫妇高兴地说“Why not？”之后，服务生帮老夫妇拿着行李将他们送上车。

希尔顿员工的这种行为并非是在主管的监控下做的，完全是为了一种企业的尊严，是为达到一种工作标准，这已经变成了一种原动力，不断地推动企业进步。

| 进行企业再造 |

企业经营面临挑战

如今，信息技术革命使企业的经营环境和运作方式发生了很大的变化，企业面临着严峻挑战，具体表现如下：

顾客（Customer）——买卖双方的主导权转到了顾客一方。竞争使顾客对商品有了更大的选择余地；随着生活水平的不断提高，顾客对各种产品和服务也有了更高的要求。

竞争（Competition）——技术进步使竞争的方式和手段不断变换，越来越多的公司走出国界，在逐渐走向一体化的全球市场上展开各种形式的竞争。

变化（Change）——市场需求日趋多变，新产品研发的速度越来越快，技术进步使企业的生产、服务系统经常变化。

面对这些挑战，企业只有在更高水平上进行一场根本性的改革与创新，才能在低速增长时代增强自身的竞争力。

美国麻省理工学院教授迈克尔·哈默与詹姆斯·钱皮提出了“企业再造”的概念，即“为了飞越性地改善成本、质量、服务等现代企业的运营基准，对工作流程进行重新思考及彻底改革”。为了能够适应新的国际竞争环境，企业必须摒弃已成惯例的运营模式和工作方法，以工作流程为中心，重新设计企业的经营、管理及运营方式。

企业再造流程

企业再造其实就是重新设计和安排企业的整个生产、服务和经营过程，使之合理化。通过对企业原来生产经营过程的各个方面、各个环节进行全面的调查研究和细致分析，对其中不合理、不必要的环节进行彻底的变革。在具体实施过程中，可以按以下程序进行：

◆ 分析原有流程

对原有流程进行全面的功能和效率分析，发现其存在的问题。一般地说，原来的作业程序是与过去的市场需求、技术条件相适应的，并由一定的组织结构、作业规范作为保证的。当市场需求、技术条件发生的变化使现有作业程序难以适应时，作业效率或组织结构的效能就会降低。因此，企业必须从以下方面分析现行作业流程的问题：

1. 功能障碍

随着技术的发展，个人可完成的工作额度将会发生变化，这就使原来的作业流程或者支离破碎造成管理成本增加，或者核算单位太大造成权责利脱节，并会造成组织机构设计得不合理，最终形成企业发展瓶颈。

2. 重要性

不同的作业流程对企业的影响是不同的。随着市场的发展以及顾客对产品、服务需求的变化，作业流程中的关键环节以及各环节的重要性也在变化。

3. 可行性

根据市场变化、技术变化的特点及企业的现实情况，分清问题的轻重缓急，找出流程再造的切入点。

为了使企业再造更具有针对性，还必须深入现场，具体观测、分析现有作业流程的功能、制约因素以及存在的问题。

◆ 设计并评估流程改进方案

为了设计更加科学、合理的作业流程，企业必须群策群力、集思广益、鼓励创新。在设计新的流程改进方案时，可以考虑以下几点：

将现在的数项业务或工作合并为一；

工作流程的各个步骤按其自然顺序进行；

给予职工参与决策的权力；

为同一种工作流程设置若干种实施方式；

工作应当超越组织的界限，并在最适当的场所进行；

尽量减少检查、控制、调整等管理工作；

设置项目负责人。

对于提出的多个流程改进方案，企业还要从成本、效益、技术条件和风险程度等方面进行评估，选取可行性强的方案。

◆ 制定配套的改进规划

企业业务流程的实施是以相应的组织结构、人力资源配置方式、业务规范、沟通渠道甚至企业文化作为保障的，所以，只有以流程改进为核心形成系统的企业再造方案，才能达到预期的目的。

◆ 组织实施与持续改善

实施企业再造方案必然会触及原有的利益格局。因此，企业必须精心组织，谨慎推进，既要态度坚定、克服阻力，又要积极宣传、达成共识，以保证企业再造的顺利进行。

企业再造方案的实施并不意味着企业再造的终结。在社会发展日益加快的时代，企业总是不断面临新的挑战，这就需要企业对再造方案不断地进行改进，以适应新形势的需要。

◎ 案例

再造工程

“再造工程”在欧美企业中受到了高度重视，因而得到迅速推广，带来了显著的经济效益，涌现出大批成功的范例。

美国信用卡公司通过再造，每年减少费用超过10亿美元。德州仪器公司的半导体部门通过再造，使集成电路的订货处理程序的周期缩短一半多，提高了顾客满意度，并使企业收入大幅度增长。

本章小结

经理人常犯的第9种错误是没有设定标准。人人都说自己公司有工作流程和程序，有工作手册，却忘了其中的精髓，对于细节没有进行量化。“认真做事只是把事情做对，用心做事才能把事情做好。”“用心”两个字强调的就是细节。

员工开展工作不能靠主管在后面挥动鞭子，而要有自己的尊严，要让追求“标准”变成一种原动力，不断地推动企业进步。

第十章

纵容能力不足的人

留下拒绝学习的人对团队有失公平

重视提高员工的满意度

别在办公室里当老好人

妥善处理员工问题

每个企业里或多或少都有一些能力不足的人，但是企业绝不能纵容这些能力不足的人，不能把一个错误的人摆在一个错误的位置上。

在企业里，管理者不应把全部精力放在人际关系上，管理不是比赛谁最受欢迎，而是贯彻公司的政策，掌握公司的资源，把人力、物力还有财力进行妥当的分配，实现企业既定的目标。

｜留下拒绝学习的人对团队有失公平｜

随着信息革命、知识经济时代进程的加快，企业面临着前所未有的挑战，传统的组织模式和管理理念已越来越不适应环境，其突出表现就是许多曾名噪一时的大公司纷纷退出历史舞台。因此，研究企业如何适应新的经济环境，增强自身的竞争力，延长企业寿命，已成为世界企业界和理论界关注的焦点。在这样的大背景下，以美国麻省理工学院教授彼得·圣吉为代表的西方学者，吸收东西方管理文化的精髓，提出了以“五项修炼”为基础的学习型组织理念。

这种理念认为：在新的经济背景下，企业要持续发展，必须增强自身的整体能力，提高整体素质；企业的发展再不能只靠领导者一人运筹帷幄、指挥全局，未来真正出色的企业将是能够使各阶层人员全心投入并不断学习的组织——学习型组织。

所谓学习型组织，是指通过营造组织的学习气氛、充分发挥员工的创造性思维能力而建立起来的一种有机的、高度柔性的、扁平的、符合人性的、能持续发展的组织。

善于不断学习，是学习型组织的本质特征。所谓“善于不断学习”，主要有以下4点含义：

一是强调“终身学习”。组织中的成员均应养成终身学习的习惯，这样组织才能形成良好的学习气氛，促使成员在工作中不断学习。

二是强调“全员学习”。企业的决策层、管理层、操作层都要全身心投入到学习中，尤其是管理层和决策层，他们是决定企业发展方向和命运的重要阶层，因而更需要学习。

三是强调“全过程学习”。学习必须贯穿于组织系统运行的整个过程。约翰·瑞定提出了一种被称为“第四种模型”的学习型组织理论，他认为任何企业的运行都包括准备、计划、推行3个阶段，而学习型企业不应该是先学习然后进行准备、计划、推行，不应把学习与工作分割开，应边学习边准备、边学习边计划、边学习边推行。

四是强调“团队学习”。不但重视个人学习和个人智力的开发，更强调组织成员的合作学习和群体智力（组织智力）的开发。

学习型组织通过保持学习的能力，及时铲除发展道路上的障碍，不断突破组织成长的极限，从而保持持续发展的态势。

显然，留下拒绝学习的人对团队有失公平，拒绝学习的人对自己来说是停滞不前，而相对别人来说是不断地落后，进步的企业永远不欢迎这样的员工。

重视提高员工的满意度

美国奥辛顿工业公司有这样一条“黄金法则”：关爱你的客户，关爱你的员工，那么市场就会对你倍加关爱。“客户”是企业的外部客户，“员工”是企业的内部客户，只有内外兼顾，不顾此失彼，企业才能获得最终的成功。员工是企业利润的创造者，如果员工对企业满意度高，他们就会努力工作，为企业创造更多价值，以企业为家；如果员工对企业不满意，结果或者是离职，或者是继续留在企业，但是已经失去了积极工作的意愿，这两种结果都是企业不愿看到的。所以，一个追求成功的企业应当重视提高企业内部客户——员工的满意度。

一个人在一生中大部分时间都在工作，而且这段时间是人成熟独立以后，真正实现自我生命意义的重要时期。这自然使员工对企业有了一种期望以及评判的权利。从这个角度讲，企业也应当重视提高员工的满意度，使员工由满意逐渐变为忠诚。

提高员工满意度

企业提高员工的满意度可以从以下几个方面入手：

◆ 创造公平竞争的企业环境

公平体现在企业管理的各个方面，如招聘时的公平、绩效考评时的公平、报酬的公平、晋升机会的公平、辞退时的公平以及离职时的公平，等等。

公平是员工对企业的最基本要求。公平可以使员工踏实工作，使员工相信付出多少就会有多少回报。公平的企业使员工满意，使员工能够心无杂念地专心工作。

在工作中，员工最希望能够公平竞争。在法国，麦当劳的每个员工都处在同一个起跑线上。新员工首先要做4 ～ 6个月的实习助理，从事最基层的工作，如炸薯条、收款、烤牛排等，学会保持清洁和掌握最佳的服务方法。之后再转到第二个工作岗位——二级助理，具体工作为每天在规定的时间内负责餐厅工作，承担一部分管理工作，如订货、计划、排班、统计……在实践中摸索经验。晋升机会也是均等的，适应快、能力强的人晋升的速度就会快。

◎ 案例

松下的资格制和招聘制

松下公司重点推行资格制和招聘制，这大大增加了人事管理的公平性和透明度，提高了员工的竞争意识和组织活力。公司首先在内部提出某个需要公开招聘的职位，各类员工均可应聘，但必须提出自己的工作计划，参加类似设计比赛的竞争活动，并接受相应的资格测验。经过各项定量的考评之后，最终确定相应的人员。为了资格制和招聘制的顺利实施，松下还改革了工资制度，使人事考评更加公开化、科学化。

◆ 营造追求进步的企业氛围

企业不断追求进步表现为：重视培训、重视员工的职业发展。

社会发展速度日益加快，员工工作中所需的技能和知识更新速度也在不断加快，因此培训已成为企业提高员工工作效率、增强竞争力的必要职责。从员工的角度来看，自身的发展进步已经成为他们衡量自己工作质量的一个重要指标。

培训的方式可以分为：职前培训、转正培训、晋升培训、交叉培训、再培训等。

大通曼哈顿银行非常重视员工的培训，它每年的教育经费支出高达 5000 万美元。银行要求员工每年制订一个自我培训计划，并把培训与职位提升、奖金等政策紧密结合，来调动员工参加培训的积极性。

◆ 营造自由开放的企业氛围

现代社会中，人们对于自由的渴望越来越强烈。员工普遍希望企业是一个自由开放的系统，能给予员工足够的支持与信任，给予员工丰富的工作生活内容，使员工能在企业里自由平等地沟通。

古语说："疑人不用，用人不疑。"所以，要想使企业员工的满意度提高，企业必须给予员工足够的信任与授权，让他们自主地完成工作任务，放开手脚，尽情地把工作才能发挥出来。韩国三星集团的创始人李秉哲就一直坚持这一用人之道，在三星商会开业不久，他大胆地起用了一直没找到工作、被别人视为危险人物的李舜根。除银行的巨额贷款、大批量的原材料进口等少数重要业务外，他把几乎所有的日常业务都交给了李舜根。后来的事实证明，李舜根是可靠的人，对推动三星商会的迅速发展起到了重要作用。

自由开放的企业应当给员工提供工作轮换的机会，让员工到本职以外的部门和工作岗位上任职，这种任命一般是暂时的。索尼公司就实行工作岗位定期轮换制度，以保证员工有更多的发展机会，并对工作保持新鲜感。

自由开放的企业应当拥有一个开放的沟通系统，以促进员工间关系的融洽，增强员工的参与意识，促进上下级之间的意见交流，促进工作任务更有效地传达。比如在通用电气公司，各级别管理者都鼓励员工随时进入他们的办公室反映情况，对于员工的来信来访妥善处理。公司的最高首脑和全体员工每年至少举办一次生动活泼的自由讨论。

◆ 关爱员工

人是社会性的动物，需要群体的温暖，一个关爱员工的企业必将使员工的满意度上升。企业应当给予员工良好的工作环境、足够的信任支持，使员工安心于工作。

关爱员工的企业善于鼓舞员工的士气，能够适时地给员工以夸奖和鼓励，在员工取得成绩时向员工公开地、及时地表示感谢，并组织一些联欢活动让员工共同分享成功的喜悦。

关爱员工的企业重视员工的身心健康，注意缓解员工的工作压力。企业可以在制度上进行一些规定，如推行带薪休假、医疗养老保险、失业保障等制度，为员工解除后顾之忧。

◎ 案例

丰田的启示

丰田公司设有自己的“全天候型”体育中心，里面有田径运动场、体育馆、橄榄球场、足球场、网球场等。丰田公司积极号召员工参加运动部和文教部，使员工在体育运动中寻求另一种快乐。这样既丰富了员工的生活，强健了他们的体魄，还培养了他们勇于奋斗的竞争精神，从而更好地促进了企业生产。丰田还大力提倡社团活动，如车间娱乐部、女子部等，以促进员工之间的沟通与交流。丰田对社团活动所寄予的另一个期望是培养员工的领导能力，因为不管社团规模大小，要管理好就需要一定的计划能力、宣传能力、组织能力等。另外，丰田公司的其他活动也很多，如综合运动大会、长距离接力赛、游泳大会等，每月总要举行一种活动。在这些活动中，总经理、董事等领导只要时间允许都要参加。这些都在不知不觉中提高了员工的素质，增进了员工对公司的感情。

别在办公室里当老好人

管理者不要在办公室里当老好人，不要以为老好人可以使问题消失，更不要怕面对问题。

一个主管只知道压制自己的情绪和感觉，不敢压制下属，这叫作怕事；

一个主管只纠正自己的错误，而不敢纠正下属的错误，就会使部门大乱；

一个主管只知道自己节省，而对下属的浪费行为视而不见，这叫作犯贱。

对能力不足、表现不佳的员工，主管应做到当管则管，该惩罚的就应惩罚。能力不足的员工通常表现为：

缺乏创造力，只知道处理例行事务，机械被动，不进行研究、分析；

处理问题方法单一，不能有效解决问题；

缺乏法律常识，不懂规避法律风险，难以保护公司的利益；

缺乏危机处理手段，当需要解决方案时只能将矛盾指出而自己却无能为力；

不了解业务，难以起到支持业务发展的作用；

对突发性事件缺乏预见性，总做“事后诸葛亮”。

处理员工的 8 个“不要”

◆ 不要受情绪主导

管理者通常会在情绪激动时批评和责骂员工，这是没有意义的。无可否认，你的愤怒是可以理解的，但是调整一下情绪后，再开始对员工进行批评，效果可能会更加理想。

◆ 处理问题不要拖延

这点好像与第 1 点有些矛盾，其实不尽然。管理者得悉问题后，应先冷静下来，然后直接告诉员工问题所在。快速处理问题是很重要的，不及时告诉员工问题所在，员工会将问题视为理所当然。

◆ 不要只说“有问题”

管理者应直接指出症结所在，让员工知道他应该改善的地方，只说“你有问题”对员工没有任何实际的帮助。

◆ 不要用电话处理问题

管理者应安排时间与员工面对面地讨论问题，让员工知道管理者的重视程度，管理者会发现这些时间是值得投资的。

◆ 不要“一步登天”

没有一个人可以在短时间内改掉 10 个坏习惯。管理者应该让员工专注一至两个方面进行改善，这样会达到比较好的效果。

◆ 不要偏私

正如你要求你的上司赏罚分明一样，你的下属同样也会要求你不要偏私。切记不要在公司制造不稳定气氛，也不要让你的员工对你投出不信任票。

◆ 不要歧视

这是常识，不要拿员工的个人情况来贬损他。

◆ 不要将自己塑造成不会犯错的神

任何人都会犯错，任何人都有恶习。管理者在批评员工的时候，应尽量以帮助他解决问题的姿态详细与他进行讨论，不要把自己塑造成不会犯错的神。这样，员工会更愿意听取你的意见。

惩罚员工不是苦差

惩罚员工的技巧是管理者不可不知的，更是出色的管理者必须驾驭的。比如，如果你的某位下属工作出色，却经常迟到，作为管理者，你会怎么办？是装作没看见，还是惩罚他呢？

员工工作出色，然而却经常迟到，作为管理者，你会怎么办？

有些企业家视惩罚员工为苦差，他们喜欢逃避，希望问题自动解决。很多时候，这样做只会使问题愈来愈严重。在企业内，如果管理者能够圆满解决纪律问题，就会对企业、对员工产生良好的影响。

◆ 不要随意解雇员工

有些企业家对于惩罚员工并不逃避，但却走向了另一个极端，他们会干脆解雇那些问题员工。这种做法对企业有一定程度的伤害，除了损失一个有生产力的员工外，员工的创造力及归属感都会萎缩，最终可能会导致企业人才流失。当然，在你生气的时候，解雇他看来是个很好的做法。可是，你怎能担保，能聘回一个比他更好的人呢？”

其实，即使可以找到更优秀的员工接替他，管理者和企业都不免要付出更多的时间和精力。

◆ 认清惩罚真谛

惩罚不是负面的事情，而是让员工和企业一起成长。惩罚有时候也是一种很好的训练方法。

处理这类问题，先要有一个目标——通过惩罚或训斥，你希望员工学到什么？确立了目的，再定出惩罚方式。这样，惩罚对员工来说，会变得有意义得多。比如，明确员工迟到原因，并给出具体片罚措施，远比命令员工罚抄 100 次“我以后不会迟到”有意义。

◆ 给予解释机会

人们在面对批评时，其反应多是维护自己，无论他的行为是对还是错。好的管理者应坦然接受解释，给他几分钟时间，仔细聆听，然后告诉他问题所在以及解决的办法。

◆“威迫利诱”，跟进问题

要确保员工切实地解决纪律问题，管理者还需要清楚员工的“死穴”所在。所谓“死穴”，就是员工在工作上最关心的问题。管理者在讨论时应告诉员工，如果他不能在限期内改善，他将面对什么后果。例如员工最关心自己在公司中的晋升机会，管理者便可告诉他：“如不能改善的话，你在两年之后的晋升可能会有很大障碍。”另外，在处理纪律问题时，管理者常犯的错误是没有对问题进行跟进。轻视跟进工作，只会显得管理者不重视问题，员工也同样会敷衍了事。不过请牢记，如果员工确实有了明显改进，切勿吝啬你的称赞。适当的称赞，能够加强员工继续改进的决心。

总之，主管不要在办公室里当老好人，只把自己管好是远远不够的，除了以身作则之外，还需要推广观念，让企业成为学习型组织，让下属都得到提高。领导要摒弃人际关系的束缚，敢于对能力不足的人说“不”。

| 妥善处理员工问题 |

如果员工在工作上出现了问题，管理者应及时并妥善地进行处理，这些问题若被忽视或不加以解决，就会变得越发严重，导致问题员工。

◎ 案例

员工辞职了

公司主管卡尔遇到麻烦了。他的一个新雇员、一位具有20年经验的技术撰稿人工作了三星期之后，居然不来上班了。起初，该雇员找出种种借口，然后保持沉默。最后，他在拿走了好几个星期的薪水之后辞职不干了。卡尔回忆说：“我真希望早些采取措施。我以为他总会改变的，而我完全估计错了，情况很快变糟了。”

明确职责和目标

从员工开始工作的那一天起，管理者就应与其商定工作责任、目标、重点和标准。将这些用文字记录下来，并制定日程表，定期总结进度、查找问题，从而确保员工尽快地完成任务，并达到预期的效果。

向员工提的要求必须具体明确，不要说：“我要你尽快地完成访问报告。”而是说：“请在 29 日之前将你写好的访问报告用电子邮件发给我。网络服务器上有样本报告，如有问题请找 ×× 帮助，若碰到任何其他问题或你无法在原定期限内完成报告，请告诉我。我需要在下月初将报告摘要上报副总裁，因此我需要你及时完成。”

通过预先明确职责和任务，管理者就能防止可能发生的许多麻烦。

加强检查，及时反馈

对于新员工，经常提供反馈意见是至关重要的。可以通过与员工边喝咖啡边聊天的简单方式进行检查和总结，使管理者有机会用一种随意、温和的方式查找工作上的问题。

即使公司尚未制定正式的绩效考核政策，管理者也可以定期评估所有员工的工作表现。此类评估对于员工和管理者都是同样珍贵的，不仅管理者可以发现员工的强项和弱项，员工也可以更加清楚地了解到自己的工作表现是否符合管理者的期望。

工作表现评估的一个重要部分就是要用文字形式将评估意见记录下来，因为人们比较重视用文字记录下来的表扬、批评和反馈意见。

最后一点是要善于利用字条的提示作用。不要依赖你的脑子去记住上个月谁缺席了几次员工会议。在字条上记下来，就不会有疑问了。

认清自己的角色

对于何种员工是问题员工，经理们往往会各持己见。在此提醒你注意：你评估员工的方法可能不是唯一的方法，甚至不是正确的方法。

管理者应允许员工有自己的工作方式。如果正在进行的工作符合验收质量标准，只是员工的工作方式不同，作为经理，你就应该宽宏大量并抛开你的傲气。

将管理者的公务角色与友情分开是很重要的，这并不是说管理者不可以同员工交朋友，但管理者必须把经理职责放在第一位。有时这是很难做到的，但如果双方都开诚布公、诚实坦率，立下规矩将工作与娱乐区分开来，就能行得通。

如果你不能分清朋友和经理间的界线，就只有两种选择：要么将你的社交生活排斥在办公室门外，要么就别当经理。正如你必须能够管束你手下的员工一样，你也必须准备好若有必要就开除他们。让员工离开公司是任何经理都必须做的最困难的事情之一，但这是经理职责的一部分。如果有需要，你必须得心狠手辣。

本章小结

本章讲述了企业管理者碍于人情、面子往往容易纵容能力不足的人。管理者在管理企业的过程中存在着几个误区：将管理等同于比谁更受欢迎，为了让大家都说好而充当老好人的角色，对任何事情都是睁一只眼闭一只眼；纵容能力不足的人，把一个不合适的人放在一个不合适的职位上，以致影响了企业的发展。

第十一章

眼中只有超级明星

中等资质的人加少数超级明星

顶尖高手的弊端

每个人都是重要的

管理从尊重人开始

一个组织或者公司里真正的超级明星最多只有5%，大部分人的智商是差不多的，差别只是在于是否有成功的条件和机遇。

一位企业家说过一句话："我们没有时间培养干部，只有时间使用干部。结果变成了一个英雄带领一群笨蛋的悲剧。也正是这些悲剧中的英雄喜欢把失败的部分原因归咎于'伯乐常有，千里马难寻'。"

确实，千里马是不好找，因为他们是社会的精英，属于具有特别天赋的人。而事实上企业不可能只雇用这些有特别天赋的人。企业只能像牧马人一样，找那些有一定素质的"良驹"，加以正确的管理和良好的培训，使他们成才。

中等资质的人加少数超级明星

大部分赢利的公司都是靠拥有中等知识的一群人，加上少数的明星员工来运作的。

◎ 案例

麦当劳：没有主管

麦当劳有一套独特的管理方式，为了保持餐厅地面干净，他们每 30 分钟清扫一次，而且规定在全体人员在岗的时候，主管要下去扫地。麦当劳有一句名言："面对顾客我们全部都是员工，没有主管。"这表明麦当劳对员工能一视同仁，眼中根本没有超级明星。

到麦当劳用餐，随着"欢迎光临"的一声问候，整个麦当劳都开始为你服务。麦当劳有一个规定，在点餐的时候，如果一个收银台站的人非常多，其他的收银台服务员会招呼你去他们那儿点餐。这就表示他们都是一个团队，这中间没有明星。

金字塔概念

我们很喜欢研究领导人——不管是国家的领导人还是企业的领导人，而对于基层人员却少有关注。

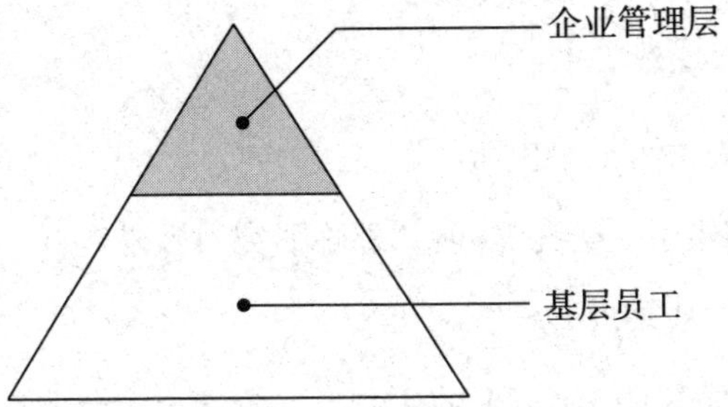

图11–1 “金字塔”

图 11–1 表示的就是金字塔概念，金字塔代表一家企业。金字塔塔尖代表企业管理层，他们只是这个金字塔的一小部分；底下庞大的基座是基层员工，他们组成了金字塔的大部分，可以说企业很多的基础性工作是他们做的。一家企业有资格站在金字塔塔尖上的只有董事长、总经理、副总经理以及部门经理，而大部分的工作需要为数众多的员工去完成。

因此，一个领导人要做的就是把框架制定好，游戏规则制定好，其他的事情就可以放手让下属去做了。

领导者眼中不能只有超级明星，而应关注整个企业，只有企业基层（金字塔基座）稳固了，整个企业（整座金字塔）才能屹立不倒。

分工不同，要求不同

有这样一个故事：

船夫在水流湍急的河中摆渡，哲学家上了他的船。

哲学家问船夫："你懂得历史吗？"

船夫说："不懂！"

"那你就失去了一半生命。"

哲学家惋惜了一会儿又问："那你研究过数学吗？"

船夫说："从来没有！"

"那你已失去了一半以上的生命！"哲学家十分惋惜地说。

这时，一个大浪把船打翻了，哲学家和船夫都落在了水中。

船夫问哲学家："你会游泳吗？"

哲学家在水中断断续续地说："不——会——"

"那你就失去了整个生命。"船夫说。

这则故事说明人与人分工不同，对其要求就不能相同。

企业中的管理层与业务层、决策层与执行层由于分工各不相同，其工作重点也不相同，一方不能用自己的工作重点及标准来衡量另一方。不同层面上的人，只有实现很好的沟通，才能精诚团结、互相救助，企业之船才能永不沉没。

公平对待员工

无论在调查问卷还是在座谈会上，都会有员工反映："希望上司能够公平待人。"

对员工事务一律公平处理是理所当然的，为何大家还要如此强烈呼吁？由此反映出某些管理者对待下属并不公平，因此到底如何公平处事，实在是一个大学问。

管理者对某个员工整日无所事事视而不见，却将某事集中于另一个员工；或者将困难、复杂的工作分派给生手，却让熟手做些简单的工作，这都是处事不公平的实例。

管理者批评员工时如果只批评某些人，那么这些员工一定会爆发不满的情绪；同样，总是派某个员工开展工作，或对某个员工很冷漠，都会令员工感到不公平。

在某次座谈会上，有些女员工反映道："上司经常会批评女员工，对女员工的一举一动也格外注意，但对男员工却不然，显得非常客气。我希望上司对待下属不要有性别之分。"她们之所以有此希望，是感到管理者处事的不公。

对于同事眼中的优秀员工，管理者未予加薪，奖金也少得可怜，而对那些混日子的员工却加薪、分红等，当然会令人觉得不公平。

如今，许多公司都趋向于以能力来决定酬劳，这正是为了更正以往对部分员工的不公平待遇。

顶尖高手的弊端

有些公司会想方设法从别的公司挖来高级人才，但这些人才也有很多弊端，比如他们会说："我们以前都不是这样做的。"这种话往往会破坏情绪、破坏团结。他们往往认为自己非常优越，公司能有今天都是靠他实现的，客户都是他赢得的。

◎ 案例

6000美元的学费

一家汽车公司的采购员在采购一批卡车时犯了一个错误：客户订了25辆卡车，要求车的三角窗是可以活动的，但是他订购的都是固定的。卡车还没运抵当地，他就发现了这个问题，经理知道后也是心急如焚，急忙赶到了客户那儿花了6000美元才终于解决了问题。

经理回来后采购员递交了辞职书，经理问他："出这件事情我骂过你吗？""没有。""我在老板的面前提到你的名字吗？""没有。""到客户那儿是你去的吗？""不是。""我刚刚替你交了6000

美元的学费，是你付的吗？”“不是。”“我刚刚替你交完学费，你就要走，你是要去害另外一个老板吗？你给我留下。”推销员流下了眼泪，经理说：“把眼泪擦掉，有本事就把我那6000美元赚回来再辞职，我马上就批，像个男人。这事就算了。”

几年之后，推销员成了公司的副总经理，他一个月售出200辆车，还有一个外号叫“车界杀手”。

在上面的案例中，经理没有责骂下属，没有开除他，也没有让他赔钱，而是替他交了学费。当年的推销员一步步成长起来，这样，他的经理就可以很潇洒地放下琐事，适时地端起咖啡杯。

我们并不是否认超级明星的重要价值，但是一个人眼中如果只有超级明星，就会应验这样的一句话：“快马先死，宝刀先钝，良木先伐。”

所以就会导致两种不公平：第一，对超级明星不公平，使他们不堪重负；第二，对其他人不公平，埋没了其他人的才干。

总之，管理者的眼中不要只有超级明星，世界上知名的大企业能够取得今天的成就，全靠全体人员的团队精神。

膨胀的自我

顶级高手的自负问题是公司所固有的，他们喜好炫耀，有时让人觉得难以相处。高业绩的销售人员大多都不是循规蹈矩的人，因为突出的业绩让他们感到如果没有他们，公司就会完蛋。然而，这种虚张声势的背后却是严重缺乏自尊。自负的顶级高手需要不断受到外部的表扬，才能支撑起外强内弱的自我。

对付这种讨厌的顶级高手只有一种方法，那就是避免聘用他们。当然，这实现起来很难。在面试时，经理人应该了解应聘者如何看待自己在团队中的角色、如何界定有效的工作环境及如何解决与同事或上司之间的冲突。

聘用之前

在未开始聘用一个员工之前，管理者就应准确知道什么个性类型最适合企业的文化。如一家电脑培训公司总裁认为自己需要一位富有进取精神的销售人员去推销公司的服务，最后她聘用了一位过于咄咄逼人的销售人员。“我聘用他，是因为他极具竞争力，但他不适合我们公司的文化，”这位总裁回忆道，“他总是和其他销售员争夺客户，和他当面谈过他的行为问题，却枉费心力。”最后，那位销售员自己离开了公司。

当然，避免聘用此类顶级销售人员并非万全之策。事实上，这或许是无法避免的，因为有些销售代表的确非常出色。问题是，一个难于应付的销售代表一旦得到聘用且与每个人摩擦不断，而某些经理人对此却迟迟不做反应。“只要他们业绩不错，我就权当没看见。”一家外包供应商的销售与营销总监说道。

这种撒手不管的方式会带来灾难，设立双重标准会使那些遵守规则的人士气受挫，使销售团队中其他人的业绩下降。这时，唯一的选择是绝不容许任何违规行为，或解聘那些不愿或不能遵守规则的人。事实证明，当一个销售业绩拔尖但行为特别恶劣的销售代表离开之后，销售团队的业绩反而提高了。

每个人都是重要的

每个人都是重要的！我们希望得到他人的认可，同样地，让对方觉得自己受到重视也是非常重要的。

有一次，我在一长排的欢迎队伍中等候许久，最后终于轮到我和公司的销售经理握手了，但他对待我的样子就好像我根本不存在似的。事实上，他也许根本不知道他这样做对我的伤害有多大。多年之后，我仍然记得。那天，我从他身上学到了重要的一课：不管你多忙，你也必须花时间让别人感觉他是重要的！

让员工觉得自己重要

每个人都有能力完成某些重要的工作，每个人都是重要的。管理者应该对下属持这种看法，这种态度是装不出来的，管理者必须真正相信每个人都是重要的才行。

让员工觉得自己重要，这正是管理者的工作，因为这样可以鼓舞员工士气，使他们有更好的工作表现。约翰·戴·洛克菲勒就说过："我会付更多的薪水给擅长处理事务的人。"高昂的士气是增进生产力的重要因素，优秀的管理者应该不断地勉励每一位下属，提高他们的自尊和士气。

管理者应如何使下属觉得自己重要呢？管理者应聆听他们的意见，让他们知道你尊重他们的想法，让他们有机会表达自己的意见。有这样一个故事，一家零售公司的老板告诉他的经理：“你不可能告诉我任何我没想过的问题，所以除非我问你，什么也不要告诉我，明白吗？”这必定会浇熄经理所有的销售热忱，大大影响他的表现。

没有权力的责任是有害的

当人们被赋予责任时，他们会觉得自己重要，但只有责任没有权力却会摧残一个人的自尊。你曾想象过一个小女孩第一次被派去照顾弟弟的情形吗？她会兴奋异常，因为她获得了成人的地位。但如果她有责任照顾弟弟，她也就应该有权力在弟弟不乖时要他早点上床睡觉。那位零售公司的老板不仅不聆听下属的意见，同时也剥夺了下属做任何决策的权力。最后，那位经理由于失去自尊，便到另一家敌对的公司去了。在那儿，他不但承担责任，也被赋予了权力，他开始觉得自己是很重要的，不断地提出创新的零售观念。由于他的贡献相当有价值，他迅速爬升到比他原来老板还要高的地位。

一位律师告诉我，他的事务所与当地银行举办午餐会时，总是到附近的餐厅买冷盘，这使这家事务所未能给当地银行留下深刻的印象。于是几个礼拜之后，一名女员工开始接手这项工作，她有权安排与另一家银行的午餐会，并有较高的预算。

在了解午餐会对事务所的重要性后，这名女员工深以负责此项工作为荣。于是，她在前一天晚上便在家里准备了开胃小菜，并订了一些当天直接送到会议现场的热食。在午餐会上，这名女员工成功地扮演了女主人的角色，和每一位参加午餐会的银行家寒暄致意。那次会议十分成功，不久这家银行便开始将某些法律事务交给这家事务所处理了。她之所以能将工作做得如此完美，正是因为让她负责午餐会使她觉得自己很重要。

让员工知道你赏识他们

管理者应经常让下属知道自己是多么赏识他们，因为每个人都希望得到认可。甚至只是称赞员工能准时上班，也能使员工知道你重视守时。“我认为那真是太好了，A，你每次都能在8点钟准时上班。我真佩服能守时的人。”对你的下属说这些话，你会发现他以后迟到的次数就更少了。每个人总有些可赞赏之处，管理者应让他知道，而不要藏在心里！

就如同一流的餐厅让顾客觉得自己重要一般，管理者也应尽量努力，让员工有同样的感觉。

| 管理从尊重人开始 |

《第五代管理》的作者查尔斯·M. 萨维奇说过一句妙语：“怀疑和不信任是公司真正的成本之源。”

日本索尼公司的一位主管提出：“即使不相信那个人的行为，也要相信那个人。”

我们在强调管理的时候常常喜欢引用一句话：“没有规矩不成方圆。”但是我们却忽视了这样一个事实：如果人的积极性未能充分调动起来，规矩越多，管理成本也会越高。所以我们认为：企业管理最基本的一条规矩就是对人的尊重。

谈到管理，我们过多地强调了“约束”和“压制”，事实上，这样的管理往往适得其反。聪明的企业家已经意识到这一点，并开始在“尊重”和“激励”上下功夫，了解员工的需要，然后满足他；而不是聘用他，然后“榨干”他。

一个优秀的经理人应始终牢记这一条：你的职责是帮助员工成功，如果经理用权力压制员工，就不是一个称职的经理，至少不是一个具有现代意识的经理。“经理最重要的事情是要用他的权力、他的专长、他的影响力来帮助员工成功，而不能让自己手下的员工不断失败，不断炒员工的鱿鱼。”惠普中国公司原副总裁吴建中说。

让管理更具亲和力，将管理者与员工的心理距离拉近，让管理者与员工在无拘无束的交流中互相激发灵感、热情与信任，这样的理念在优秀的企业家心中越来越达成共识了。有位专栏作家在参观英特尔公司时，看到当时英特尔的首席执行官安迪·葛洛夫的格子间与员工的格子间一样大小后，很尖刻地指责安迪·葛洛夫这种做法虚伪，而他却回答说，他这样做的理由是不想让权力放大，给员工造成心理压力，以便能更好地与员工进行交流。

管理者不仅要与员工拉近距离，还要真正关心员工，不单是关心员工的现状，更重要的是关心员工的前途和未来，包括给员工提供学习机会和发展机会。

对员工的尊重还包括对其不同思维方式的包容。100%的求同思维常常使创新之苗过早夭折。作为一个经理或高级主管，如果你只喜欢提拔那些想法、做法和你一致的人，就会在你的周围聚集一批与你思维方式相似的人，那时你就很危险了，当你遇到困难时，你周围的人并不能帮你，因为你们的想法和做法都如出一辙。

世界扭亏高手劳伦斯·温白克说：“一家企业要成功，关键是一定要爱护你的员工，并帮助他们，否则他们也不会帮助你的企业。对待员工一定要诚实，不能朝令夕改，一定要把你的心拿出来给他们看，要心心相印，只有在这种情况下，他们才会跟你走。”

企业管理千头万绪、错综复杂，但最核心的一点是对人的尊重。

帮员工实现梦想

马斯洛需求层次理论告诉我们：当一个人满足了温饱和被尊重等低层次需求后，他将产生实现自我价值的欲望。因此，如果能让员工在工作中不断获得成就感，他的价值就得到了实现，他所在的企业也会一往无前。

国内企业大多停留在“相马”阶段，但其实应该更进一步，即：要“赛马”，也要“相马”，还要“养马”，若有可能，应该允许“借马”。

◆“赛马”

要建立公正、健康和积极的机制让人才脱颖而出。这种机制绝不是单一的，而要适合企业多样化人才的需要，就如同有的马在短距离内速度很快，有的马在长距离中耐力很好。

◆“相马”

要进行一定程度的“相马”，这里的“相”绝不是过去那种上级的喜恶，而是要关注员工的先天性因素或基本素质等。

◆“养马”

“养马”就是要“量体裁衣，因材施教”，要持续地给予不同员工以不同的、适合企业和员工共同需要的培养。不能“又要马儿不吃草，又要马儿跑得好”。

◆“借马”

所谓“借马”，就是要“引智”，企业要积极地引进优秀人才为我所用。

◎ 案例

“人有了目标，就有了精神”

日立公司研究开发的主体是一支庞大的专业公司员工队伍。如何培养和使用这些人才，是日立公司的一个重要课题。

日立公司在对国内外人才进行充分研究之后发现：只要让员工做他想做的事，员工的能力就会有很大的提高。所以日立公司为专业公司员工安排工作的方针是：按照本人的意愿，做想做的工作。

日立公司通过研究，了解到“人有了目标，就有了精神”。所以，在专业公司员工的培训中，公司强调让员工了解公司的使命、经营方针以及各种制度，使员工认识到个人的责任，自主自立、自我提高。鼓励专业公司员工根据经营环境的变化主动学习、更新知识、启发思想，同时对研究开发人员的学习和工作成绩及时给予评价。由于重视员工的培养，日立公司形成了他们引以为傲的技术优势。

对员工进行激励

管理者重点要做好对公司员工的激励，使之产生实现企业目标的特定行为。员工在目标定位、价值体系、需求结构和行为模式方面有很大不同，因此对于他们的激励要有的放矢。管理者运用的激励模式如不符合员工的自身需求，就无法取得预期的激励效果。

◆ 员工的绩效评价

管理者对员工进行激励，主要的根据是员工的工作考评。评价内容主要是工作创新、项目完成进度、项目完成质量、出勤率和团队协作精神等几个方面。企业可根据实际状况决定优、中、差分值，调整评价指标，确定各指标的权重，计算总绩效，再根据总绩效对公司员工进行奖励。

◆ 员工的激励措施选择

1. 物质激励

在物质激励过程中，应把思维创新以及有实效的行为作为奖励的重要因素，以调动员工的创新意识，鼓励员工的创新行为。物质奖励不能与工薪放在一起，工薪是由企业统一发给员工以维持生计的，而奖金应由管理者对员工进行绩效评价后，以工作创新进展情况和个人的贡献率进行分配。

国外有人对影响员工工作效率的 80 项激励方式进行了研究，发现以金钱作为激励手段使工作效率提高的程度最大，达到 30%，其他激励方式仅能提高 8% ~ 16%。但在进行物质激励时，应注意以下两个方面：

（1）物质激励应与相应的制度结合起来

企业应建立一套制度，创造一种氛围，以减少不必要的内耗，使员工能以最佳的效率为企业多做贡献。

（2）物质激励必须公平，但不能搞“平均主义”

公司员工对他们所得报酬是否满意不是只看其绝对值，还要进行横向的比较。据调查，实行平均奖励，奖金与工作态度的相关性只有 20% ；而进行差别奖励，奖金与工作态度的相关性能够达到 80%。

2. 精神激励

物质激励自身也存在一些缺陷。美国管理学家皮特曾指出：重赏会带来副作用，它会使大家彼此封锁消息，影响工作的正常开展。而精神激励可以在较高层次上调动公司员工的积极性，其激励更有深度，维持时间也较长。

精神激励的方法有很多，这里概述以下 4 种：

（1）目标激励

企业目标是企业凝聚力的核心，它能够在理性和信念的层次上激励员工。

（2）工作激励

员工进行工作创新的动机之一就是力求最大限度地将自己的潜能发挥出来，达到最大的自我实现感。

（3）参与激励

现代人力资源管理的实践经验和研究表明，员工大都有参与管理的要求和愿望，创造和提供一切机会让员工参与管理是调动他们积极性的有效方法。

（4）荣誉激励

荣誉激励成本低，但效果很好。美国 IBM 咨询公司有一个“百分之百俱乐部”，当公司员工完成了他的年度任务，他就会被批准成为“百分之百俱乐部”会员，他和他的家人都将被邀请参加隆重的集会。结果，公司的雇员都将获得“百分之百俱乐部”会员资格作为第一目标。

3. 情感激励

情感激励就是加强管理者与员工的感情沟通，尊重员工，使之始终保持良好的情绪和高昂的工作热情。良好的心境，会使员工思路开阔、思维敏捷、解决问题迅速。因此，加强管理者和员工之间的沟通与协调，是情感激励的有效方式。

有许多间接因素会影响到激励效果：如激励的及时性、公平性、持续性，企业战略目标与员工个体目标的一致性，员工对企业目标的认同，员工的个体特征，激励强度等。

◆ 激励员工应注意的问题

物质激励是最重要的激励手段，企业在分配上应向员工倾斜。

普通员工与管理人员不同，他们更看重专业的成长。企业应为员工提供各种培训学习机会，如出国培训、参加各种专业会议和专题培训；另外，企业可以创建学习型组织，使员工在专业上有所发展。企业要加强对科技人员的职业生涯管理。

有些员工工作见效的周期长，对于这些员工，产权激励是一种重要的激励手段。例如，给员工分配股份。

员工非常重视企业的发展前景、团队工作气氛及领导的管理风格。因此，企业应提高内部管理水平，增强公司员工的归属感。

企业应从员工的特点出发，进行各种激励方式的有效选择及其组合。

让员工相信未来发展

面对捉摸不定的未来，企业不可能再确保员工的“终身饭碗”，但是可以帮助员工进行职业规划管理。通过职业规划，员工不再仅仅是与某个岗位联系，而将具有一种在很多工作岗位都能施展的能力。对于企业来说，通过这样的努力，员工能体会到企业的关心，建立起另一种意义上的“忠诚度”，尽心尽力地为企业工作。

为了迎接越来越激烈的市场竞争，改组、裁员、组织变革等做法已成为管理中的固定内容。大规模裁减工作职位和汇报层级加重了经理和员工的工作量，并使很多岗位的工作要求发生了变化。

很多员工想跟上这些变化，但由于工作要求更高，就会感到力不从心。他们往往疲于应付，对工作失去满足感和成就感，担心收入是否有保障，不再感到自己的贡献有意义。

◆ 帮助员工应对压力

公司应帮助员工应对这些压力，恢复他们的成就感，使员工感到在自己的岗位上做出了真正的贡献，对自己和公司都是有价值的。

◆ 相互沟通、坦诚相见

不管是公司进行裁员、合并、出售资产，或仅仅是降低成本、提高生产率，公司都要使员工了解情况。如果公司把员工蒙在鼓里，闲言碎语和谣言传闻就会盛行，这对员工的士气和生产力的影响通常比事实真相更具毁灭性。

◆ 赞赏员工

公司可以通过各种各样的方式表达对员工的赞赏，从简单地说声感谢到对员工进行评估和职业生涯规划等。

◆ 新的雇用约定

没有任何公司能够为员工提供终身就业保障，但是公司能够而且应该确保员工有市场竞争力，公司应支持员工进行职业生涯规划。

◆ 辅导员工进行自我评估和职业规划

除了鼓励员工进行职业生涯规划，公司还应该为其提供适当的工具和机会帮助员工进行自我评估，制定自己的目标。如在职辅导培训、职业规划专题研讨会、一对一的咨询等。

辅导职业规划似乎是一个自相矛盾的建议。对很多公司和行业来说，未来有太多的不确定性，为何还要推行职业规划管理？这是因为职业规划管理能够帮助员工超越对现有工作和职位的认识，使员工不再将自己视为填补一个特定的岗位，取而代之的是，他们认为自己具有某种技能和经验，不管是在公司内还是在公司外，他们都可以不断积累这些技能和经验。

有了职业规划，员工就会确信他们有能力在未来的组织中事业有成。即使他们失业了，他们拥有的技能仍可用在其他工作中，这使他们更愿意接受变革。

在公司的变革中，公司应确保员工不会被安排到错误的岗位上。通过帮助职工了解其能力和增强其信心，员工会了解自己最适合什么工作以及什么样的工作会促进自己的成长和进步。

◆ 提供职业规划支持

为员工提供职业规划支持的方式很多，如企业大学、领导力学院、管理培训课程或学习中心等。职业规划应在如下方面帮助员工：

帮助员工制定有意义、实际可行的职业和生活目标。

使员工了解自己独特的工作风格和偏好。

使员工学会如何超越自己，明晰完成未来工作所需的关键技能以及为适应公司新的发展所需的新技能。

使员工对未来的工作安排和职业发展做出明智的决定。

有效的职业规划管理有何作用呢？去看看一家金融服务公司的经验吧。这家公司已经进行了裁员，并准备出售一家分公司，于是召开全公司的会议向员工通报这个情况，尽管公司不可能对员工的工作保障做出承诺，但是管理层希望员工明白，公司已经意识到员工的担忧。

接下来公司召开了一系列自我职业管理研讨会，通过这些研讨会，员工恢复了对自己的信心，员工士气有了明显的提高，高级管理层收到了数十封自发的感谢信。

显然，公司会从为其员工提供自我评估和职业规划援助方面获益匪浅。员工会变得更加灵活，适应性更强，士气和责任感也得到恢复。更重要的是公司有机会表明：他们的确关心员工在困难时期的遭遇。

本章小结

领导眼中只有“超级明星”的做法是错误的，企业的发展是依靠大量中等资质的人加上少数“超级明星”共同努力得来的。要知道在整个企业里大家都是宝刀，人人都是快马，个个都是良木，而不能眼中只有一两个顶尖的人，什么事都让他们去做，这样不仅对他们不公平，对企业的其他人来讲也是不公平的，因为这样埋没了其他员工的才能。